Trente ans
et riche !

Trente ans
et riche !

Un guide de *succès financier*
pour jeunes adultes

Lesley Scorgie

ÉDITIONS DU TRÉSOR CACHÉ
815, boul. St-René Ouest, Local 3
Gatineau (Québec)
J8T 8M3 - CANADA
Tél.: (819) 561-1024
Téléc.: (819) 561-3340
Courriel: editions@tresorcache.com
Site Web: www.tresorcache.com

Traduction: Claude Charbonneau
Infographie: Richard Ouellette, infographiste

Dépôt légal – 2007
Bibliothèque nationale du Québec
Bibliothèque nationale du Canada

Gouvernement du Québec – Programme de crédit d'impôt pour l'édition de
livres – Gestion SODEC

ISBN 978-2-922405-52-1

Imprimé au Canada

À ma grand-mère Scorgie. Les mots me manquent pour t'exprimer tout ce que ton amour, tes soins et ton influence ont représenté pour moi au fil des ans. Tu es la plus merveilleuse des femmes que j'aie jamais rencontrées – forte, courageuse, intelligente, belle et une source d'encouragement. Quelle bénédiction pour moi de te connaître et de te côtoyer.

Remerciements

Je désire remercier sincèrement les membres de ma famille – maman, papa, Alison et Stephen – d'avoir alimenté mes ambitions de leur amour et de leur soutien. Merci aussi à ma famille élargie. Tous vous avez su m'encourager dans ma quête du succès. Merci à mes merveilleux amis qui m'ont appris à aimer, à rire, à pleurer, à être forte et, plus que tout, à devenir celle que je suis. Votre inspiration et vos soins, au fil des ans, ont été irremplaçables, et ils continueront de l'être.

Tellement de gens ont emprunté sur un horaire serré pour investir dans ma croissance professionnelle et y contribuer. Je désire remercier les personnes qui ont su me guider, tant en ce qui concerne ma carrière qu'en ce qui me passionne. À l'équipe responsable de mon site Internet *Rich by Thirty* et de la rédaction de mon bulletin d'information, Erin et Marco, merci pour vos efforts exceptionnels. Nous faisons avancer les choses ! Et en dernier lieu, je remercie Key Porter Books et KLMA d'avoir transformé en réalité mon rêve de devenir une auteure.

Introduction

Il y a de cela quelques années, j'ai rencontré une femme, presque septuagénaire, dont l'histoire est restée gravée dans ma mémoire. En fait, elle constitue l'une des raisons qui m'ont incitée à écrire le présent livre. Un jour, Mary m'a raconté les difficultés et les succès financiers qui avaient marqué sa vie. Encore jeune, elle s'était mariée et était tombée enceinte, mais malheureusement son mari l'avait quittée vers la fin de sa grossesse, emportant avec lui les épargnes familiales. Mary était désormais seule et angoissée... et un enfant était sur le point de naître.

Rapidement, le fils de Mary devint sa raison de vivre et de survivre. Immédiatement après la naissance de son enfant, ou presque, la jeune maman fut contrainte de se trouver un emploi. Après tout, personne ne pourvoirait à ses besoins et à ceux de son fils ! Puisque peu de membres de sa famille et d'amis habitaient à proximité, Mary dut compter sur la gentillesse des voisins pour s'occuper de son bébé pendant qu'elle travaillait à la bibliothèque locale ; son chèque de paie ne lui durait que quelques jours.

Mary apprit à vivre frugalement. Elle planifiait ses dépenses et les inscrivait dans un cahier afin de bien pourvoir aux besoins de sa petite famille. Elle ne pouvait se permettre guère plus que l'essentiel. Il lui était impossible de mettre de l'argent de côté, de s'offrir des voyages, de s'acheter des livres ou de se payer des sorties. Après avoir vécu quelques années ainsi, de chèque de paie en chèque de paie, Mary se sentait abattue ; elle avait l'impression que sa vie ne menait nulle part. Bien sûr, elle et son fils tenaient le coup, mais Mary se posait de nombreuses questions. Comment pouvait-elle progresser financièrement alors qu'elle gagnait à peine le salaire minimum? Pourrait-elle un jour se payer une maison dans un quartier sûr, où son fils pourrait jouer à l'extérieur en toute sécurité? Et que penser de la retraite? Et si son fils voulait un jour fréquenter l'université? Et si elle perdait son emploi? Serait-elle capable de régler les factures?

Les questions étant devenues trop pénibles, Mary décida de prendre sa situation en main. Elle emprunta de la bibliothèque des livres sur la gestion de l'argent, parla à des amis et à des membres de sa famille, et consulta un conseiller financier pour la première fois de sa vie. Elle mit au point une stratégie financière à long terme qui avait pour but premier d'épargner le peu qu'elle avait. Pour elle, c'était la seule façon de se sentir en sécurité, la seule solution à ses difficultés financières.

Mary n'avait que 23 ans lorsqu'elle décida de s'assurer le contrôle de sa situation financière. Au moment de la retraite, 42 ans plus tard, elle possédait une maison modeste entièrement payée et une automobile peu énergivore. Outre le fait que, grâce à son aide, son fils parvint à terminer ses études post-secondaires, Mary était parvenue à épargner plus de 650 000 $ pour sa retraite!

Vous êtes-vous déjà senti comme l'a fait Mary au début de sa vie avec son fils? Avez-vous déjà eu l'impression que jamais vous ne parviendriez à épargner quelque somme que ce soit?

Avez-vous déjà pensé que jamais vous ne réussiriez à améliorer votre situation? Avez-vous déjà désiré ardemment une chose sans pouvoir l'acheter? Nous avons tous éprouvé de tels sentiments. Mais, comme Mary, vous pouvez maîtriser votre situation et apprendre à surmonter les obstacles. Que votre situation soit similaire à celle qu'a connue Mary ou que vous désiriez simplement épargner un peu d'argent pour les jours fâcheux, les concepts financiers de base exposés dans le présent livre vous assureront une vie caractérisée par une grande richesse, à plusieurs égards.

Pourquoi m'écouteriez-vous?

Avant de poursuivre votre lecture, vous aimeriez sans doute en savoir un peu plus à mon sujet. Qui suis-je et pourquoi est-ce que je vous parle de la gestion de *votre* argent? Ce sont de bonnes questions.

Je suis née en 1983 à Toronto, en Ontario, enfant d'une famille de la classe moyenne. Ma mère resta à la maison jusqu'à ce que j'aie quatre ans, alors que mon père travaillait comme auxiliaire médical. Quatre ans plus tard, ma famille déménagea à Edmonton, en Alberta, afin de permettre à mes parents de retourner aux études. Il est facile d'imaginer que, dans une telle situation, l'argent était *très* rare. Après avoir complété leurs études en 1998, mes parents décidèrent de déménager de nouveau, cette fois à Calgary, à la recherche d'un emploi dans leur domaine d'expertise respectif. Au cours des quatre années qui suivirent, notre vie familiale en fut une d'instabilité et de défis, tant en ce qui concerne l'emploi que les finances.

De toute évidence, je n'ai pas grandi au sein d'une famille riche, loin de là. Au milieu des années 1990, nous avons dû nous contenter d'un revenu annuel de 24 000 $ pour nourrir et vêtir cinq personnes, payer une petite hypothèque et les frais de scolarité de mes parents, et défrayer les frais d'entretien d'une automobile. Pendant plus de dix ans, nous n'avons eu que de petits présents à Noël, mangé que des aliments de marque générique et pris des vacances bien modestes. Mon frère, ma sœur et moi enfourchions des vélos, portions des vêtements et nous contentions de jouets achetés dans des magasins d'articles usagés. Chaque dollar était sagement dépensé. C'est pendant cette période que j'ai appris à vivre une vie frugale, alors que toute la famille était à l'affût des aubaines, des ventes et des petits cadeaux. Jamais nous n'achetions quoi que ce soit à plein prix!

Par conséquent, vous comprendrez facilement que mon intérêt pour l'argent fut éveillé par le fait qu'au sein de ma famille, il n'y en avait pas suffisamment. Même très jeune, j'emportais partout ma tirelire, j'en comptais souvent le contenu et je me demandais ce que mes économies me permettraient d'acheter. Mes parents répondaient gentiment à la plupart des questions que je leur posais sur l'argent, même s'ils croulaient sous les dettes et les factures. Ils m'encourageaient aussi à lire sur mon sujet favori. Il ne fallut que peu de temps pour que je me mette à feuilleter des revues telles que *Forbes* et *Report on Business*. J'y ai lu un certain nombre d'articles et j'en ai compris le contenu, du moins en partie. Alors que je lisais au sujet des choix d'actions et des expériences entrepreneuriales, mes meilleurs amis écoutaient la télé. Je me joignais à eux à l'occasion, mais plus souvent qu'autrement, c'était mes propres intérêts qui me passionnaient… et toujours davantage.

Déjà à huit ans, je vendais de la limonade pendant l'été et déblayais les entrées des voisins en hiver. Je voulais ainsi gagner suffisamment d'argent pour me payer l'accès à la piscine, des friandises à la confiserie ou une entrée au cinéma. Je savais ce que je visais, je connaissais mes objectifs et je fonçais. Avec le temps, mes raisons d'épargner et d'investir évoluèrent, passant du «juste assez pour une sortie au cinéma» à «faire assez d'argent pour disposer de millions de dollars au moment de ma retraite».

Le jour de mon dixième anniversaire de naissance, ayant reçu 100 $ en cadeau, j'achetai mon premier bon d'épargne du Canada. Ma mère croyait que c'était une très bonne idée pour moi que d'apprendre ce qu'est l'investissement. À partir de ce moment, je saisis toutes les occasions qui se présentaient pour acheter plus de bons d'épargne.

À 14 ans, je commençai à travailler à la bibliothèque publique locale. Outre le fait que je gagnais un peu d'argent, cet emploi me permettait d'en apprendre davantage sur la fructification de l'épargne, grâce à la lecture de livres et de journaux qui garnissaient les étagères de la bibliothèque. Je résolus d'étudier différentes avenues d'investissement. La même année, j'investis dans mes premiers fonds communs de placement. Quatre ans plus tard, à 18 ans, j'investissais à la Bourse. Dès que je constatai la croissance de mes avoirs – la puissance de l'intérêt composé – je fus conquise !

De frugal à extraordinaire : l'expérience Oprah

Lors de ma cinquième année d'études secondaires, mes cours de gestion et de marketing portaient principalement sur l'investissement. Puisque mon enseignante éprouvait de la difficulté à expliquer ce concept à des élèves totalement irresponsables, un jour, complètement frustrée, elle leur demanda si un étudiant parmi eux aimerait enseigner cette partie du cours. Je levai alors la main et, voilà, c'était parti.

Je passai quelques périodes de cours à transmettre mes connaissances à mes camarades de classe. Comme par hasard, au cours de la même semaine, le représentant d'un journal local s'enquerra auprès des autorités de l'école au sujet de quelques étudiants «différents ou intéressants» susceptibles de faire l'objet d'un article. Mes connaissances du domaine financier me valurent d'être choisie. Selon les gens du journal, je répondais aux critères et ils procédèrent à l'entrevue. J'espérais qu'ils me considéreraient plus *intéressante* que *différente*, pour ne pas dire *bizarre!* Par la suite, on publia un article en première page du journal intitulé «Une jeune prodige» et on l'afficha sur Internet.

En février 2001, je reçus un appel d'un des producteurs du *Oprah Winfrey Show*. Ayant lu l'article sur Internet, l'animatrice désirait discuter avec moi de mes connaissances en matière d'investissement et de gestion de l'argent. Deux semaines plus tard, j'étais l'invitée d'Oprah!

L'émission avait alors pour thème principal: «Des gens ordinaires, une richesse extraordinaire.» Pour l'occasion, je faisais partie d'un groupe de quelques invités appelés à communiquer leurs connaissances et leurs secrets financiers à plus de 20 millions de téléspectateurs! En quoi est-ce que j'étais différente des autres invités? J'étais la seule invitée âgée de moins de 40 ans. Je servais d'exemple au fait que toute personne peut vivre une jeunesse typique, tout en faisant des choix financiers judicieux.

Depuis mon apparition sur le plateau d'Oprah Winfrey, j'ai terminé mes études de premier cycle en commerce et, en plus, j'ai écrit des articles pour un certain nombre de journaux et de magazines. Aujourd'hui, j'ai 23 ans, je suis propriétaire de ma propre maison, j'ai un bon emploi et je peux compter sur des épargnes pour l'avenir. De plus, je m'amuse beaucoup! Au moment où je prendrai ma retraite, j'aurai des millions de dollars en épargnes et en biens. Ce succès m'a valu de devenir le porte-parole et le défenseur des jeunes gens qui désirent poursuivre leurs rêves et être parfaitement outillés pour payer ce qu'il en coûte pour les atteindre. Ma passion? Parler de gestion et d'alphabétisation financière, et enseigner ces choses. À ce jour, j'ai donné des conférences à des milliers de gens partout en Amérique du Nord, des auditeurs âgés de 6 à 80 ans.

Avant de poursuivre, je désire vous assurer que j'étais (et suis encore!) une personne *normale*, comme vous! J'ai fréquenté l'école, travaillé à temps partiel pendant mes études secondaires et universitaires, et complété mes travaux scolaires même lorsque cela était difficile et ennuyeux. Les fins de semaine, je passais du temps avec mes amis et m'accordais de brefs moments de détente. Comme toute jeune personne, j'ai connu des hauts et des bas. Mais, contrairement à la majorité des jeunes, je désirais être riche avant mes 30 ans. Par conséquent, j'ai commencé à planifier plus tôt que ce qui se fait normalement pour atteindre mon but.

Écoutez-moi attentivement!

Parmi tous les conseils prodigués dans les pages qui suivent, celui-ci est peut-être le plus important: une vie « normale » peut mener à des réalisations extraordinaires. Vous pouvez vous croire incapable de faire ce dont je vous parle ou penser que ce que vous pouvez contribuer à votre avenir financier ne sera jamais suffisant, eh bien, vous êtes capable et votre contribution est suffisante. Votre temps, votre talent, votre argent et vos efforts rapporteront des dividendes à long terme; il suffit de vous concentrer et de vous efforcer de faire certains choix judicieux. Mes propres choix financiers m'ont menée au point où je pourrai compter sur des millions de dollars au moment de ma retraite. Et ce qu'il y a de merveilleux, c'est que cela ne m'a pas coûté d'énormes sacrifices.

Alors, comment faire? Le présent livre vous servira de rampe de lancement. En le lisant, vous y découvrirez des informations utiles quant à la motivation, à l'organisation et à la gestion intelligente de votre argent, et vous y apprendrez comment commencer à épargner et à investir. Peut-être que, pour la première fois de votre vie, vous bénéficierez des conseils financiers d'une personne de votre âge, d'une personne comme vous. Vous y apprendrez les éléments de base au sujet de : la gestion de l'argent, dont la façon d'en faire et où le trouver ; la réduction des dettes, ainsi que la préparation d'un budget et l'élaboration de stratégies d'investissement. Vous apprendrez aussi à vivre modestement, sans vous astreindre à de douloureux sacrifices, et vous découvrirez pourquoi il est si logique de planifier lorsqu'on est jeune et pourquoi il est payant de diversifier. Finalement, vous apprendrez la différence entre l'épargne et l'investissement, acquerrez quelques stratégies d'investissement à court et à long terme et, peut-être le plus important, vous découvrirez que l'argent n'est qu'une des composantes d'une vie heureuse et équilibrée.

Ensemble, les petits trucs, techniques et stratégies exposés dans le présent livre contribuent à un mode de vie caractérisé par une très grande richesse, sans oublier une grande satisfaction personnelle et financière. Le présent livre n'offre pas de truc pour «faire de gros sous rapidement», mais plutôt des connaissances de base susceptibles d'assurer votre avenir financier à long terme. Le lire, c'est emprunter le chemin qui mène au succès financier.

Chapitre 1

La motivation :

pourquoi l'argent est important

Il s'agit d'autre chose qu'une simple question d'argent, du moins c'est ce que concluent des études. De nos jours, les Nord-Américains de moins de 30 ans se soucient beaucoup moins d'argent que ne le faisaient les gens des générations précédentes. Aujourd'hui, on se préoccupe d'équilibre et d'épanouissement personnel. Nous cherchons des occasions qui offrent croissance, flexibilité et plaisir, tant sur le plan professionnel que personnel, et nous sommes pleinement conscients qu'en cela l'argent seul ne suffit pas à procurer ces choses.

Si, d'une part, je pense qu'il est fantastique que notre génération soit prête à distinguer la poursuite du bonheur de celle du succès financier, d'autre part, je crois sincèrement que ne pas se préoccuper de la question de l'argent constitue une grave erreur ! Gérer son argent de façon intelligente – la façon de le dépenser, de l'investir et ainsi de suite – peut faire une énorme différence quant à la qualité de sa vie. En effet, cela peut ouvrir des portes et en fermer d'autres, de même que vous permettre d'atteindre ou non vos buts et de réaliser ou non vos rêves.

Quelques vérités ennuyeuses

Que vous désiriez y faire face ou non, l'avenir, c'est tout de suite. En moins de temps que vous l'imaginez, vous serez aux prises avec les coûts afférents à l'éducation post-secondaire, à une hypothèque, à une automobile, aux besoins des enfants, aux vacances et... à la retraite! Cela vous semble peut-être ennuyeux, mais vous êtes responsable de réfléchir à ces choses. Il vous appartient donc d'entreprendre aujourd'hui les démarches susceptibles de vous assurer l'avenir que vous désirez. Vous seul pouvez faire en sorte que vos rêves, financiers et autres, se réalisent. Si vous ne faites rien quant à votre avenir, qui agira pour vous?

Une vérité ennuyeuse parmi d'autres quant à l'avenir éloigné

À 23 ans, Kevin est le cadet d'une famille de trois enfants. Bien que son père et sa mère aient tous deux atteint la mi-soixantaine, ni l'un ni l'autre n'a les moyens de prendre sa retraite, et la situation devient de plus en plus préoccupante pour Kevin. En effet, puisque ses parents semblent toujours fatigués, il se fait du souci pour eux. Il a même commencé à accepter des quarts de travail additionnels afin de les aider à payer l'épicerie et les factures. Une chose est sûre pour lui-même: il doit éviter une pareille situation à 60 ans. Il sait que la seule façon de prévenir un tel scénario est de travailler fort tout de suite et de gérer son argent intelligemment.

L'argent, c'est l'élément clé de votre sécurité financière à long terme. Y penser fait peur, mais, l'heure de la retraite venue, vous aurez besoin d'environ quatre fois plus d'argent qu'aujourd'hui uniquement pour maintenir votre rythme de vie actuel (et holà les fantaisies des gens riches et célèbres!). Cette vérité difficile à avaler est attribuable à une vilaine petite chose appelée l'**inflation**. C'est elle qui, avec le temps, amoindrit la puissance de vos dollars. Par exemple, dans 40 ans, vos 4 $ n'en vaudront peut-être qu'un seul!

Considérez le scénario suivant: une femme de 65 ans qui possède un million de dollars en épargne-retraite pourrait décider de quitter son emploi demain sans craindre de vivre sous le seuil de la pauvreté. Toutefois, dans 40 ans, une femme du même âge pourrait avoir besoin de quatre fois plus d'argent juste pour maintenir son train de vie! Dans 40 ans, un million de dollars ne pourrait valoir qu'environ 250 000 $!

Et comme si cela n'était pas suffisamment effrayant et déprimant, attendez de lire la suite! La prochaine fois qu'on vous remettra votre chèque de paie, regardez la liste des déductions: régime de pension du Canada, impôts, régime de soins médicaux et ainsi de suite. Arrêtons-nous au régime de pension du Canada. Le gouvernement prélève ces montants et les versent dans une réserve nationale censée vous venir en aide au moment de votre retraite. En théorie, c'est super, n'est-ce pas? Bien sûr. Mais il y a un petit problème: à cause du grand nombre de baby-boomers déjà à leur retraite ou sur le point de la prendre, le gouvernement ne sera pas en mesure d'aider beaucoup.

En définitive, alors qu'il pourrait être possible de compter sur un peu d'aide gouvernementale pour suppléer à notre épargne-retraite, il est plus que probable que nous serons laissés à nous-mêmes. Ennuyeux et un peu déprimant, mais c'est la réalité.

Ainsi donc, avec le temps, votre argent perd de son pouvoir et de sa valeur, et il est plus que probable que vous ne pourrez compter sur aucune forme d'aide, ni gouvernementale ni autre. Serez-vous capable de prendre votre retraite? D'acheter une maison? De prendre des (ou: de partir en) vacances? Bien sûr que oui, si vous apprenez à vous occuper de votre argent. Sagement dépensé, investi et géré, votre argent peut non seulement se maintenir à flot avec l'inflation, mais la vaincre!

Une vérité pas trop ennuyeuse à l'égard d'un avenir pas trop éloigné

Âgée de 16 ans, Maria termine sa quatrième année d'études se-condaires. Membre d'une famille à revenu moyen, elle affiche des résultats scolaires du même ordre. Maria aime les sorties avec les amis, danser et, plus que tout, acheter toutes sortes de choses!

Récemment, Maria s'est arrêtée à penser à ce qu'elle dési-rait faire de sa vie. Elle a donc pris rendez-vous avec l'orienteur de son école pour discuter de son rêve de devenir médecin. Tou-tefois, en discutant avec lui, elle a découvert que les études à la faculté de médecine coûtaient très cher et que ses résultats scolaires devaient être très élevés, si elle espérait obtenir une bourse d'études. Et voilà que Maria s'est mise à réfléchir sérieu-sement. À moins que Maria ne prenne davantage au sérieux ses études et la planification financière, jamais elle ne pourra voir son rêve se transformer en réalité.

Si vous avez somnolé à la lecture de la dernière section, ou qu'au moins vous vous êtes demandé pourquoi vous devriez réfléchir à la retraite alors que vous étiez encore ado ou dans la vingtaine, peut-être que ce qui suit aura davantage l'effet es-compté. Vous devez vous faire du souci au sujet de votre argent parce que, bien que vous soyez jeune, l'argent vous concerne. En fait, l'argent touche tout le monde.

Que désirez-vous faire de votre vie? Devenir pilote d'avion? Infirmier, infirmière? Musicien, musicienne? Alors, vous au-rez besoin d'argent, comme c'est le cas pour celui ou celle qui désire faire de la planche à neige, acheter une maison, voya-ger ou faire des emplettes.

En définitive: pas d'argent, pas de choix! Plus nous en connaîtrons sur l'argent – comment en faire, en épargner, l'investir et le dépenser sagement – plus nous serons libres. Considérez à quel point votre vie serait monotone si vous n'aviez pas d'argent pour vous payer une sortie au cinéma avec un ami. Et que dire de la frustration qui serait votre part si, désireux de devenir médecin, vous n'aviez pas d'argent pour payer vos frais de scolarité. Plus votre liberté financière sera grande, plus vous serez libre dans tous les domaines de votre vie. Vous serez libre de faire les choix qui correspondent le plus à vos besoins et à vos objectifs. N'est-ce pas là ce que tout le monde désire?

La question à 5 000 $

Si vous trouviez un jour un chèque de 5 000 $ dans votre boîte aux lettres, qu'en feriez-vous? Mettriez-vous cette somme de côté? Achèteriez-vous une voiture, des vêtements ou un système de son dernier cri? En donneriez-vous une partie à des œuvres de charité? L'utiliseriez-vous pour rembourser un prêt ou pour payer un excellent repas à vos amis? Disposer d'autant de choix, c'est merveilleux, n'est-ce pas?

Maintenant, imaginons un scénario tout à fait différent. Vous venez de faire des emplettes et vous vous êtes laissé aller à vos caprices un peu trop. Le résultat? Votre carte de crédit affiche un solde négatif de 5 000 $! Quels choix s'offrent à vous maintenant? Rappelez-vous que l'argent permet de faire des choix et qu'avoir des choix est synonyme de liberté.

Une vérité pas trop ennuyeuse à l'égard du facteur temps

Je sais, je sais. La retraite, les choix et la liberté, tout cela est parfaitement logique à vos yeux, mais toujours est-il que...

Vous vous demandez sans doute comment une personne ordinaire de moins de 30 ans, ayant un budget plus que serré,
est censée contrôler l'aspect financier de sa vie quand certaines personnes de 50 ou 60 ans n'y sont pas encore parvenues.
Elles ont un bon emploi, une maison et beaucoup d'autres choses que vous n'avez pas. Vous êtes d'accord? Mais vous avez
une chose que ces personnes n'ont pas, et il s'agit peut-être
de la plus importante de toutes: le temps.

Avoir du temps, c'est fort utile. En effet, le temps permet de
faire fructifier son argent de façon substantielle sans être contraint d'en gagner autant que vous l'auriez cru. Vous pouvez
faire fructifier votre avoir grâce au pouvoir de l'intérêt composé.

Imaginez-vous au haut d'une pente, tenant dans vos mains
une balle de neige, belle et ronde, que vous avez mis 30 secon-
des à modeler. Soudainement, une bourrasque fait en sorte
qu'elle vous glisse des mains et commence à dévaler la pente.
Et elle roule et roule, grossit et grossit, si bien que, quelques
minutes plus tard, et sans aucune aide de votre part, une boule de neige *géante* s'arrête au bas de la pente. C'est ainsi que
fonctionne l'intérêt composé. Vous obtenez de l'intérêt sur votre investissement initial, qui est par la suite réinvesti, vous
permettant de gagner aussi de l'intérêt sur la somme réinves-
tie, de l'intérêt sur de l'intérêt. Avec le temps, votre croissance
fait boule de neige. Le résultat? Quelque chose de pas mal impressionnant!

Le tableau qui suit est une version abrégée d'un autre
tableau qui vous sera présenté au chapitre 6. Pour le moment, il vous suffit de savoir que si vous commencez assez tôt
à contribuer à un plan d'investissement et que vous le faites régulièrement – augmentant votre contribution en cours de route
–, vous pouvez devenir millionnaire en investissant aussi peu
que 35 $ par mois (ces résultats sont basés sur un rendement
du capital investi de 8,5 %).

Le pouvoir de l'intérêt composé*

ÂGE	ÉPARGNES MENSUELLES	ÉPARGNES CUMULATIVES (AVEC INTÉRÊTS COMPOSÉS)
16	35 $	455,70 $
23	150 $	6 432,82 $
30	250 $	30 384,16 $
40	350 $	118 288,33 $
65		1 047 289,30 $

Impressionnant, n'est-ce pas? Si ce tableau ne suffit pas pour vous inspirer, pensez à ceci: vous pouvez en réalité doubler la valeur de votre argent grâce au pouvoir de l'intérêt composé. Laissez-moi vous parler de ce que le monde de l'investissement appelle la **Règle de 72**. Brièvement, cette règle stipule que si vos investissements produisent un taux de rendement de 10%, vous doublerez la valeur de votre argent chaque 7,2 années. Voici comment cela fonctionne:

**Temps requis pour doubler
la valeur de son argent
=
72 / le taux de rendement**

Ainsi donc, si vous laissez votre argent dans un portefeuille axé sur la croissance (plus de détails au chapitre 7) qui offre en moyenne un taux de rendement de 12%, la valeur de votre argent doublera en six ans (72 / 12 = 6). Par contre, si votre compte d'épargne ordinaire vous en procure 2%, le temps d'attente pour doubler votre avoir sera de 36 ans! Voyez-vous toute l'importance de l'intérêt?

*Au point de vue technique, vous pourriez mettre fin à votre contribution mensuelle à 45 ans. Toutefois, je vous recommanderais de ne pas agir ainsi et de continuer à épargner puisque cela vous vaudra plus de liberté financière et de flexibilité.

En faire une affaire personnelle

J'espère que désormais vous appréciez davantage ce que l'argent peut faire pour vous – comment vous pouvez le faire travailler à votre avantage et comment il peut transformer votre vie pour le mieux. J'espère aussi que vous êtes suffisamment motivé pour plonger et aller de l'avant sans plus attendre. Il n'est jamais trop tôt (ou trop tard) pour contrôler votre avenir financier.

Les objectifs mènent de l'avant, les rêves suivent

Avez-vous des objectifs et des rêves? Bien sûr que oui. Avez-vous un jour désiré quelque chose au point de chercher désespérément une façon de vous le procurer? Tout au long de mes années d'études universitaires, j'ai rêvé de posséder ma propre maison une fois que j'aurais obtenu mon diplôme. Pendant quatre ans, j'ai épargné un peu d'argent chaque mois de façon à accumuler l'équivalent du versement initial à l'achat d'une maison en rangée, une fois diplômée. Mon *objectif* d'être propriétaire d'une maison m'a poussée à passer à *l'action*, décision qui me permettrait d'atteindre mon objectif. Aujourd'hui, mon *rêve* de posséder une maison s'est transformé en réalité.

Objectifs ⟶ **Actions** ⟶ **Rêves**

La réalité d'un objectif ne se mesure pas à sa grandeur. En fait, vous pourriez avoir pour objectif de vous acheter une bicyclette l'an prochain ou encore de terminer vos études postsecondaires libre de toute dette. Pour vous fixer des objectifs, vous devez réfléchir à votre avenir et déterminer votre destination, ainsi que ce que vous voulez faire et posséder.

Quels sont certains de vos objectifs financiers ?

• . . . .

• . . . .

• . . . .

• . . . .

Se fixer des objectifs peut être un peu complexe. En effet, si certains objectifs comme épargner pour s'acheter un ordinateur ou une automobile sont des plus logiques, d'autres, comme gagner à la loterie et prendre sa retraite à Hawaii, ne sont peut-être pas aussi réalistes. Lorsque vous vous fixez des objectifs, vous pouvez faire certaines choses pour en augmenter la probabilité de réalisation :

• **Penser à court terme et à long terme :** Avoir une idée claire des cibles que nous avons fixées pour notre vie peut parfois exiger des années de réflexion, surtout lorsqu'il s'agit de notre argent. Quelles sont vos attentes face à votre avenir ? En particulier, quelle somme aimeriez-vous épargner d'ici un an ? Trois ans ? Dix ans ? Cinquante ans ?

Pendant ces périodes, que préféreriez-vous faire comme travail ? Concrétisez vos idées en utilisant le tableau ci-dessous. Écrire ses objectifs est semblable à quelqu'un qui conclut un contrat avec lui-même, contrat que lui seul peut établir ou briser. Les gens qui agissent ainsi sont davantage susceptibles d'atteindre leurs objectifs que les autres.

PÉRIODE DE TEMPS	OBJECTIFS PERSONNELS	OBJECTIFS FINANCIERS
Un an		
Trois ans		
Dix ans		
Cinquante ans		

- **Se fixer des objectifs intelligents :** Les objectifs intelligents sont spécifiques, mesurables, accessibles, réalistes et opportuns. Au lieu d'écrire «Je désire être millionnaire», vous pourriez écrire «Je voudrais posséder un million de dollars à 65 ans, en utilisant les principes financiers fondamentaux et les techniques d'investissement que m'a enseignés *Trente ans et riche !*». Ce dernier objectif est beaucoup plus clair que le précédent, en plus de réunir tous les éléments d'un objectif intelligent. Maintenant, prenez le temps d'analyser vos objectifs. Devez-vous en modifier un ou plusieurs? Si oui, faites-le tout de suite.

- ....
- ....
- ....
- ....

- **Formuler un énoncé de vision personnelle :** Formuler un énoncé de vision personnelle constitue un pas énorme vers le succès financier personnel. Un énoncé de vision inclut ce que vous voulez faire et comment vous le ferez. Un bon énoncé inclura :

  - qui (vous !);
  - quoi (l'objectif);
  - quand (la période de temps);
  - comment (le plan d'action).

Un des objectifs mentionnés ci-dessus était : «Je voudrais posséder un million de dollars à 65 ans, en utilisant les principes financiers fondamentaux et les techniques d'investissement que m'a enseignés *Trente ans et riche !*» Voici un exemple d'énoncé de vision personnelle pour étayer cet objectif :

Je, Marc Bellavance, désire connaître le succès financier (plus d'un million de dollars) avant ma retraite, en utilisant les principes financiers de base dont ceux de dépenser de façon avisée, d'épargner et d'investir, et de donner de cet argent à la collectivité.

Formuler son énoncé de vision personnelle peut constituer tout un défi. Parfois, il est difficile de savoir la direction que nous désirons donner à notre vie à long terme. Toutefois, la plupart d'entre nous en ont au moins une vague idée. Tentez le coup, allez-y, et ne vous en faites pas si parvenir à rédiger le bon énoncé exige quelques tentatives.

- ● . . . .
- ● . . . .
- ● . . . .
- ● . . . .

Vous utilisez un ordinateur ? Imprimez votre énoncé sur une feuille de papier de type certificat, encadrez-le et placez-le bien à la vue. Il vous servira de rappel de la direction positive que vous avez choisie pour votre vie.

Quant à moi, j'utilise mon énoncé de vision personnelle comme rappel de ce que je désire faire de ma vie. Cependant, avec les années, mes objectifs et ma vision se modifient. Par conséquent, ne laissez pas un énoncé ou une série d'objectifs faire en sorte que vous vous sentiez coincé. Alors que votre vision se clarifiera avec le temps, n'hésitez pas à la modifier.

J'espère que vous vous sentez un peu plus inspiré et motivé. Vous avez sans doute compris l'importance de travailler à votre avenir financier aussi tôt que possible et réalisé à quel point l'argent y est indispensable, tant à court terme qu'à long terme. Vous êtes maintenant prêt à mettre la machine en marche. Vous êtes prêt à agir !

Des excuses, encore des excuses !

Qu'attendez-vous pour agir ? Préparez la liste de toutes les raisons qui, selon vous, vous empêchent de mettre de l'ordre dans vos finances. Ensuite, rangez-la et soyez prêt à la détruire dans peu de temps. La lecture des prochains chapitres terminée, vous n'en aurez plus besoin, parce que vous continuerez sur votre lancée. Plus rien ne pourra vous retenir !

Chapitre 2

L'organisation :
les chemises de classement, les banques et vous

Être organisé constitue véritablement la clé du succès. En fait, sur le chemin qui mène à la richesse et à la gloire, être organisé sera l'étape la plus importante que vous devrez franchir. Bien souvent, on appelle ce processus «mettre de l'ordre dans ses finances». Cela peut vous sembler quelque peu intimidant, mais il n'en est rien. En fait, ça peut être amusant.

Les outils requis

Laissez-moi vous présenter Érica, jeune femme de 26 ans. Elle travaille à temps plein et habite un petit appartement qu'elle partage avec une colocataire. Malheureusement pour les deux, Érica a toujours éprouvé de la difficulté à gérer son argent. Elle ne connaît jamais les soldes de ses comptes d'épargne ou chèque, en plus du fait qu'elle met sa facture de téléphone cellulaire et son état de compte de carte de crédit dans son sac à main ou dans la boîte à gants de sa voiture... et les oublie. D'ailleurs, il lui arrive souvent d'être incapable d'utiliser sa carte-guichet ou ses cartes de crédit pour régler un achat quelconque. Érica s'amuse à dire à ses amis qu'elle apprend qu'elle n'a pas payé sa facture de téléphone le jour où le service est interrompu. Elle s'amusera moins le jour où, sa voiture en panne sur l'autoroute, elle ne pourra pas utiliser son cellulaire pour demander de l'aide!

Érica se doit d'être mieux organisée! Si la lecture du dernier paragraphe vous a fait réfléchir, ne vous en faites pas; il n'est jamais trop tard pour corriger la situation!

Les chemises de classement, vos amies

Quelle est la première étape du processus d'organisation? Se rendre au magasin d'articles de bureau pour y acheter des chemises de classement de différentes couleurs et un support quelconque (un boîtier accordéon ou autre).

Les chemises de classement sont importantes parce qu'elles vous permettent de séparer et de classer les documents pertinents aux différents domaines de votre vie, tant financière que personnelle. Classer les choses vous permet de prêter davantage attention à vos affaires financières et personnelles.

Voici quelques exemples d'étiquettes susceptibles d'identifier vos chemises :

- états de comptes bancaires (une chemise par compte, en vous assurant d'y inscrire le numéro);
- factures de services publics (une chemise pour chaque service);
- factures du téléphone cellulaire;
- reçus;
- factures des cartes de crédit et documents afférents;

- bordereaux de chèques de paie / information concernant l'employeur ;
- documents sur l'impôt et les gouvernements ;
- comptes rendus des investissements ;
- information sur les investissements ;
- information sur la santé ;
- certificats de réussite ;
- information sur les études.

Cela devrait suffire pour commencer. Au fur et à mesure que vous ferez le tri de vos documents importants, empilés sur le bureau ou entassés dans vos tiroirs, vous devrez sûrement ouvrir de nouvelles chemises. Un peu de calme, tout de même ! Inutile de classer chaque bout de papier. De façon pratique, ne classez que les choses qui sont importantes pour vous et qui pourraient affecter votre vie.

Lorsque vos chemises sont prêtes, rangez-les selon un ordre logique à vos yeux : alphabétique, fréquence d'accès, ou autre. Choisissez un système qui vous permettra de déterminer à quelle chemise appartient tel ou tel document.

La feuille de calcul qu'on craint tant

Bien que le simple fait d'y penser suffise pour inciter certaines personnes à crier, une excellente façon de mettre de l'ordre dans ses finances est de préparer son budget à l'aide d'un chiffrier électronique (voir le chapitre 3 pour beaucoup plus d'informations sur le budget). La plupart des systèmes d'exploitation informatiques ont un chiffrier électronique intégré ; c'est tout ce dont vous avez vraiment besoin. Celui-ci vous permet d'insérer des formules de calcul et de laisser l'ordinateur effectuer automatiquement les additions, soustractions et autres opérations, ou encore des dates susceptibles de vous aider à planifier certains achats. Pour ma part, j'utilise Excel pour consigner mes revenus et mes dépenses.

Vous pouvez aussi utiliser votre ordinateur pour dresser une liste d'articles coûteux que vous pourriez acheter ou de grosses dépenses que vous pourriez faire éventuellement. Par exemple, ce pourrait être une bicyclette (350 $), des réparations à l'automobile (900 $) ou un versement initial pour l'achat d'une nouvelle maison (5 000 $). Placez votre liste dans un endroit où vous la verrez tous les jours (j'ai collé la mienne sur mon bureau à la maison). Cela contribuera à vous motiver et à garder vos yeux fixés sur vos objectifs.

Laissez la technologie faire le travail

Mettre de l'ordre dans ses investissements s'avère de plus en plus facile, grâce au formidable progrès de la technologie Internet. Aujourd'hui, il suffit de quelques minutes en ligne pour s'enquérir de la performance de ses investissements, vérifier ses soldes bancaires, payer ses factures et ainsi de suite. Assurez-vous d'avoir accès aux services bancaires en ligne en communiquant avec votre conseiller du service à la clientèle. Si vous avez commencé à investir, vous pouvez utiliser Internet pour suivre la performance de presque toute action, toute obligation et tout fonds commun de placement. D'ailleurs, je vous suggère deux excellents sites : **www.finance.yahoo.com** et **www.globeinvestor.com.**

Ces sites, et d'autres semblables, présentent des graphiques qui illustrent l'historique de la performance de votre investissement, ainsi que des données qui vous aideront à déterminer si un investissement particulier constituerait une bonne affaire pour vous. Certains sites Web vous permettent même de télécharger des données utiles pour créer des graphiques à l'aide d'un chiffrier électronique.

Dix minutes par semaine

Contrôler son argent n'exige guère plus qu'un peu de planification et de vérification de temps à autre. Si, malgré un horaire chargé, vous êtes prêt à consacrer dix minutes chaque semaine à votre avenir financier, je vous garantis que vous réussirez. Combien d'heures par jour consacrez-vous à regarder la télé? Si vous êtes comme la plupart des Nord-Américains de votre âge, vous êtes collé à l'écran presque 3,5 heures par jour! C'est-à-dire 24,5 heures par semaine!

Quelle est l'émission de télé que vous préférez le moins? Est-ce possible pour vous d'en rater les dix premières minutes ou, mieux encore, de ne pas la regarder du tout? Engagez-vous à faire cela et vous pourrez consacrer du temps à des choses qui vous seront vraiment bénéfiques à long terme. Pendant les dix minutes que vous aurez ainsi économisées, vous pourriez:

• Analyser vos transactions bancaires. Cela vous aidera à tenir compte de vos revenus et de vos dépenses et ainsi à vous éviter de trop dépenser.

• Parfaire vos compétences en investissement. Lisez un livre sur la gestion de l'argent, visitez des sites Internet portant sur le domaine financier, lisez les journaux!

• Surveiller la performance de vos investissements.

• Préparer vos transactions bancaires en ligne pour la semaine qui débute.

La vilaine banque!

Kumar, 19 ans, termine sa deuxième année d'études universitaires. Il cache la moitié de ses épargnes sous son boîtier d'ordinateur et l'autre dans une petite boîte qu'il range dans son placard. À tout moment, plus de 9 000 $ sont «cachés» dans sa chambre! Puisque l'accès à son argent lui est facile, Kumar conclut que cette façon de faire est plus commode qu'une banque.

En dépit de la mauvaise presse dont elles font fréquemment l'objet, les banques ne sont pas méchantes. En fait, établir une bonne relation avec une banque avec laquelle vous vous sentez confortable, constitue un élément clé de votre campagne pour « Mettre de l'ordre dans vos affaires ». Une telle relation est aussi importante que ma recommandation de classer vos documents dans des chemises de classement de couleur!

Aussi pratique qu'il peut sembler de cacher son argent sous le boîtier de son ordinateur, cela n'est pas très sécuritaire. « Cacher son argent sous le matelas » de préférence à le déposer dans un compte de banque présente beaucoup trop de risques. Et si vous étiez victime d'un vol? Et si l'eau s'infiltrait par le toit? Vous pourriez tout perdre! De plus, l'argent qui dort dans le placard n'accumule aucun intérêt, n'est-ce pas? Et si vous avez lu attentivement le chapitre 1, vous savez maintenant l'importance de l'intérêt. La meilleure place pour votre argent est dans un compte de banque, là où vous pouvez en observer l'activité. (Là où il peut fructifier.)

Ouvrir un compte

Vous n'avez pas de compte de banque personnel? C'est le temps d'agir! La première étape consiste à choisir un établissement financier (banque ou autre) avec lequel vous aimeriez faire affaire. Au Canada, les principales banques sont:

- la Banque Royale,
- TD Canada Trust,
- la Banque Scotia,
- la Banque de Montréal,
- la CIBC.

D'autres choix d'établissements financiers s'offrent à vous: les banques locales, la VanCity Bank de Vancouver et l'ATB Financial (ou Alberta Treasury Branch), les coopératives d'épargne et de crédit (les Caisses populaires au Québec et Interior

Savings en Colombie-Britannique), auxquelles se sont ajoutées, au cours des dernières années, les banques en ligne telles que ING Direct et President's Choice Financial ; d'ailleurs, ces deux derniers choix sont de plus en plus populaires.

Lorsque vous choisissez une banque, considérez où elle est située, sa commodité d'accès, ses politiques et son service à la clientèle. Consultez le site Internet des différents établissements et ne négligez pas de prêter attention à ce que les gens en disent.

Dès lors que vous aurez fait votre choix, empressez-vous d'ouvrir un compte. Si vous êtes âgé de moins de 18 ans, on vous demandera peut-être un cosignataire (un parent ou un tuteur). Vous aurez aussi besoin d'au moins deux pièces d'identité récentes (permis de conduire, certificat de naissance, passeport, carte d'assurance sociale, par exemple). En dernier lieu, sachez que certains établissements financiers exigent un dépôt initial pouvant atteindre 50 $. Vous êtes prêt ? Un représentant de compte ou un banquier personnel vous aidera à déterminer le genre de compte qui répond le mieux à vos besoins.

Le compte de chèques. Le compte de chèques est conçu pour répondre à une activité bancaire plus ou moins intense de votre part. De façon générale, les gens demandent que leur chèque de paie y soit directement déposé, en plus d'utiliser ce compte pour régler leurs factures ; ils s'en servent aussi comme compte de dépenses. Comme son nom le suggère, ce type de compte permet aussi de faire des chèques. Normalement, un compte de chèques ne paie aucun intérêt sur dépôt, ce qui en fait une solution moins qu'idéale pour des épargnes à long terme. Choisissez le compte de chèques s'il est probable que vous dépenserez votre argent en moins de deux mois.

À cause de l'activité associée à ce genre de compte, il comporte normalement des frais. Alors que j'étais encore aux études, je devais payer 3,50 $ par mois de frais d'utilisation pour mon compte (25 transactions par mois et services bancaires en ligne gratuits). Alors qu'aujourd'hui je travaille à plein temps, je paie 12 $ de frais par mois pour mon compte de chèques. Ces frais me donnent droit à 65 transactions par mois, aux services bancaires en ligne gratuits et à une nouvelle série de chèques vierges au besoin.

De façon générale, cela répond à mes besoins. Il vaut la peine de s'informer des différents forfaits avant d'ouvrir un compte. Sinon, cela pourrait vous coûter cher (jusqu'à 1 $ par transaction)! Pour en savoir davantage sur les différents forfaits, visitez les sites Internet des établissements bancaires ou composez leurs numéros sans frais.

Le compte d'épargne.
Le compte d'épargne est conçu pour y laisser dormir son argent pendant une période de temps plus longue. L'établissement bancaire vous verse de l'intérêt, bien que ce soit fort peu. De façon générale, il est bon de considérer un compte d'épargne comme un endroit où on laisse l'argent dont on n'aura besoin que de deux à douze mois plus tard. Par exemple, chaque année, je mets de l'argent de côté pour mes vacances dans un compte d'épargne, mais je ne l'utilise pas pour mon épargne-retraite. Les comptes d'épargne ne comportent des frais d'utilisation que si vous y effectuez beaucoup de retraits. Ils sont conçus ainsi pour vous décourager de trop dépenser vos épargnes. Les frais d'utilisation sont plus élevés que ceux d'un compte de chèques (jusqu'à 1,50 $ par transaction), ce qui fait qu'il vaut mieux éviter les retraits trop fréquents.

Je vous recommande fortement d'ouvrir un compte de chèques et un compte d'épargne. Pourquoi? Entre autres, parce qu'il est presque impossible d'épargner à long terme à partir d'un compte qu'on utilise aussi pour ses activités bancaires journalières. Séparer vos fonds rendra votre tâche beaucoup plus aisée (cela vous évitera de dépenser vos épargnes accidentellement !) et vous aidera à adopter des habitudes financières saines.

Les cartes bancaires et l'accès par téléphone ou en ligne. Si

vous êtes sur le point d'ouvrir de nouveaux comptes de chèques et d'épargne, réfléchissez dans quelle mesure vous désirez ou avez besoin d'une carte-client ou d'une carte bancaire. Cette dernière vous permet de payer directement vos achats, en plus de vous donner accès à vos comptes grâce au guichet automatique ; elle rend aussi accessibles les services bancaires en ligne ou par téléphone. Bien que les cartes bancaires puissent être très commodes, elles peuvent malheureusement vous inciter à trop dépenser.

Vous avez le choix ? Je vous recommande une carte d'accès à votre compte de chèques uniquement. Ainsi, vous pourrez retirer de votre argent au besoin, tout en laissant vos épargnes intactes. À partir du moment où vous serez davantage à l'aise avec la gestion de votre argent, l'accès à votre compte d'épargne sera peut-être convenable pour vous, mais uniquement pour effectuer des dépôts et en situation d'urgence.

En dernier lieu, assurez-vous l'accès à vos comptes en ligne et par téléphone. Ce sont là des outils de très grande valeur quand il s'agit d'automatiser vos services d'investissement.

Une liste de vérification bancaire. Voici une brève liste de choses à se rappeler le moment venu d'ouvrir vos comptes :

- Choisissez une banque ou un autre établissement financier qui répond à vos besoins.
- Prenez rendez-vous avec un banquier personnel au préalable.
- Assurez-vous d'être accompagné de votre mère, de votre père ou de votre tuteur légal (si vous êtes âgé de moins de 18 ans).

- Assurez-vous d'avoir au moins deux pièces d'identité récentes.
- Demandez d'ouvrir un compte de chèques et un compte d'épargne.
- Informez-vous des forfaits-services offerts par la banque et déterminez lequel vous convient le mieux.
- Soyez prêt à verser le dépôt minimal exigé.
- Obtenez une carte bancaire pour votre compte de chèques uniquement.
- Demandez qu'on active votre accès aux services bancaires en ligne et par téléphone.

Acheteur, soyez sur vos gardes!

Au moment où vous vous rendez à la banque pour y ouvrir vos comptes, ne soyez pas étonné si le banquier vous offre une carte de crédit. Résistez à la tentation, du moins pour l'instant. Le chapitre 4 offre beaucoup plus d'informations sur le crédit.

Des frais, des frais, et encore des frais!

Les frais de services exigés par les banques font fulminer bon nombre de gens. Peut-être cela s'explique-t-il par le fait que nous savons tous combien de profits engrangent les banques. Voyons les choses comme elles sont : ces profits proviennent à la fois des frais de services et de l'intérêt produit par les investissements de l'établissement à partir de l'argent des clients.

Il est bon de se rappeler, cependant, qu'on ne vous donne aucun produit en échange de l'acquittement de vos frais ; vous achetez un service. Après tout, les établissements financiers doivent engager du personnel pour leurs différents services afin de servir et vous et leurs autres clients. Par conséquent, une partie des coûts d'opération vous est refilée. Les banques qui offrent un service haut de gamme à leur clientèle exigent normalement des frais plus élevés, alors que les frais exigés par les banques du genre « libre service » sont normalement moins élevés.

Pour dresser un portrait plus clair de la situation, comparons President's Choice Banking (PC) et la Banque Royale (RBC). Dans le cas de PC, un établissement bancaire en ligne, vous n'avez pas accès à une caissière susceptible de vous aider avec votre transaction et bien peu de personnes vous attendent au bout du fil ; de plus, les succursales n'existent pas. En définitive, il n'y a pas de véritables « services ». Par conséquent, PC n'exige le paiement d'aucun frais de service. Par contre, la RBC offre le service de caissières ainsi que beaucoup d'autres services. Vous pouvez, par exemple, discuter avec quelqu'un des limites d'achats par cartes bancaires, de vos prêts, de votre hypothèque ou de vos investissements. Au besoin, vous pouvez avoir accès à un représentant assigné à tel ou tel service. Il est facile de comprendre que des coûts soient rattachés à ces services.

Dans le cas de comptes de courtage ou de négociation de valeurs mobilières, la situation est semblable. Disons que vous êtes un investisseur très confiant, fort de nombreuses années d'expérience des marchés boursiers. Vous prenez vos propres décisions d'investissement sans consulter ni un courtier ni un planificateur financier. Vous estimez ne pas avoir besoin de leurs conseils et refusez de payer pour ce genre de service. Dans un tel cas, vous auriez davantage intérêt à utiliser un compte de négociation de valeurs mobilières en ligne qui vous permet de négocier ce que vous voulez, quand vous le voulez et où vous le voulez, tout cela pour des frais relativement peu élevés de 30 $ par transaction. Un investisseur moins expérimenté et confiant, toutefois, pourrait préférer utiliser les services d'un courtier, peu importe les frais exigés (qui peuvent atteindre près de 300 $ par transaction).

En bout de ligne, vos priorités détermineront ce que vous penserez et ferez des frais de services. Le service à la clientèle haut de gamme a-t-il de la valeur à vos yeux? Si vous choisissez une banque qui exige des frais de services élevés, assurez-vous qu'on vous en offre pour votre argent. Si, à quelque moment que ce soit, vous avez l'impression que le service à la clientèle n'est plus ce qu'il était, sentez-vous libre d'exprimer votre opinion. Le client, peu importe son âge, a beaucoup de pouvoir! Tout bon établissement prendra note de votre opinion. Le personnel de l'industrie des services bancaires devrait être animé du désir d'aider les jeunes clients sur le chemin qui mène à la sécurité financière. Si ces gens ne sont pas prêts à soutenir vos initiatives, tant bancaires que dans le domaine de l'investissement, ils ne méritent pas de vous compter parmi leurs clients.

Les conseillers bancaires et autres

Peu importe l'établissement bancaire que vous avez choisi, il s'y trouvera toujours un banquier personnel prêt à vous aider à ouvrir vos comptes. Cette personne peut assurer presque tous les services non transactionnels qui leur sont liés, peu importe le genre de compte. Par exemple, elle peut vous aider à choisir et à ouvrir le compte qui répond le mieux à vos besoins, à choisir le forfait services qui vous convient et à préparer vos cartes bancaires. Bien souvent, elle peut aussi s'occuper de vos investissements de base, en vous posant des questions sur vos objectifs à court et à long terme, ce qui pourrait aider à déterminer les types d'investissement de base qui répondent à vos besoins.

Après avoir lu le présent livre, vous serez probablement capable de préparer votre propre plan financier sans l'aide d'un conseiller. Toutefois, dès lors qu'on a acquis une bonne compréhension des éléments de base, il est bon de consulter un **conseiller financier.** Ce conseiller constitue souvent une source de bonnes idées, et plus vous êtes informé, le mieux c'est. Un conseiller financier abordera certainement la gestion de votre argent de façon très méthodique ; la connaissance est un outil très puissant. Je vous recommande donc fortement de consulter un conseiller financier susceptible de vous aider à préparer un plan financier qui fonctionnera pour vous.

Trouvez-vous un emploi !

Ainsi donc, au cours des dernières pages, il a été question d'être organisé et d'activités bancaires. Mais à quoi sert cela si vous n'avez pas de revenu ? Pour faire de l'argent, il faut travailler ; c'est une réalité incontournable. Comment s'y prendre ? Obtenir un emploi « régulier », c'est l'approche traditionnelle. Toutefois, on peut penser à une variété d'autres façons de faire de l'argent :

- bâtir sa propre petite entreprise,

- vendre des choses sur eBay en réalisant un profit,

- garder des enfants,

- donner des leçons privées,

- offrir ses services comme pigiste,

- obtenir un emploi dans le domaine qui nous intéresse,

- investir de façon créative.

Si vous choisissez la recherche d'emploi traditionnelle, voici quelques recommandations : choisissez un emploi dans un domaine qui vous intéresse (vous voulez éviter de faire un travail qui vous répugne) ; ajoutez du piquant à votre CV et à votre offre de service ; adaptez le contenu des deux documents à l'emploi postulé ; renseignez-vous sur les bonnes techniques d'entrevue et de réseautage ; et profitez de toutes les ressources «recherche d'emploi» disponibles. À cet effet, les moteurs de recherche d'emploi en ligne comme Workopolis et Monster peuvent vous être utiles dans la préparation de votre CV et de votre offre de service. De plus, outre l'affichage de nombreux postes, on y trouve parfois des informations additionnelles susceptibles de vous aider à déterminer quelles occasions de carrière correspondent bien à l'ensemble de vos compétences et à votre personnalité.

Chapitre 3

C'est un départ!

Le plaisir d'établir un budget

Maintenant que tout est en ordre (ou en voie de l'être), vous êtes prêt à commencer à gérer votre argent correctement, et la première étape, c'est d'établir un budget. Malheureusement, les budgets ont mauvaise réputation. Entre autres, ils sont ennuyeux, ils exigent beaucoup de temps et ils sont astreignants.

Je ferais preuve de déni de la réalité si je refusais d'admettre que beaucoup de gens, surtout de notre âge, préfèrent ne pas penser au budget. Je comprends que la chose soit quelque peu ennuyeuse et que l'exercice semble suggérer de gros compromis quant à vos dépenses. Eh bien, le deuxième point est peut-être partiellement vrai (parlons de petits compromis), mais établir et gérer un budget n'est pas ennuyeux ; c'est plutôt essentiel. Après tout, un bon budget constitue une étape vitale sur le chemin du succès financier. Sans budget, c'est presque impossible de déterminer d'où provient et où va votre argent. Établir un budget n'est pas difficile ; il suffit de considérer l'exercice ainsi : un peu de souffrance aujourd'hui pour un très fort gain demain.

Évitez de vous y prendre trop tard!

Le seul moment où établir un budget peut s'avérer complexe, c'est si vous tardez trop à vous attaquer à la tâche. Disons que vous vous baladez avec des amis. Vous roulez pendant cinq heures avant de finalement arriver à destination, votre hôtel. Vous payez pour votre chambre, dégustez un excellent repas, faites quelques emplettes et ajoutez de l'essence dans le réservoir de l'auto. Tout en dépensant allègrement, personne n'a réfléchi au solde de son compte de banque. Que se passera-t-il le jour suivant si l'automobile tombe en panne et que vous réalisez qu'il vous reste peu d'argent? Vous pouvez éviter une telle situation en préparant un budget simple et en le respectant avant de consentir à toute nouvelle dépense (sortie, vacances, etc.).

La « ligne secours » du budget

Un budget, c'est à la fois un état financier et des prévisions financières qui tracent les grandes lignes de ce que seront vos revenus et vos dépenses pour une période de temps déterminée. Concevez-le comme un plan de gestion de votre argent, tout en vous rappelant qu'il n'a nul besoin d'être complexe. Tout ce dont vous avez réellement besoin pour l'établir, c'est d'un chiffrier électronique ou de feuilles de papier quadrillé. Pour vous prouver combien l'exercice est facile, travaillons ensemble à la préparation de votre budget.

Les revenus et les dépenses

En premier lieu, tout budget (personnel, familial ou corporatif) exige l'analyse des revenus. D'où provient l'argent? Si cet exercice peut s'avérer très complexe pour une entreprise, il ne devrait pas l'être pour vous.

Voici quelques exemples de la portion « revenus » d'un budget : en premier lieu, le budget mensuel de François, étudiant de 17 ans, et, en second lieu, celui de Pierre, jeune professionnel de 25 ans.

François (étudiant)

SOURCES DE REVENUS	DOLLARS
Emploi à temps partiel	500 $
Légères tâches occasionnelles	50 $
Revenu total	**550 $**

Pierre (jeune professionnel)

SOURCES DE REVENUS	DOLLARS
Emploi à temps plein	2 800 $
Légères tâches occasionnelles	50 $
Revenu total	**2 850 $**

Ça va bien. Maintenant, réfléchissez à votre situation. Avez vous un emploi à temps plein ou à temps partiel ? Est-ce qu'on vous paie pour effectuer des tâches ménagères ? Recevez-vous régulièrement un chèque de remboursement de la TPS ? Vous devez tenir compte de tout revenu. Allez-y, remplissez la feuille de travail ci-dessous ou utilisez votre chiffrier électronique pour additionner tous vos revenus.

SOURCES DE REVENUS	DOLLARS
Revenu total	

Après les revenus, ce sont les dépenses. Où dépensez-vous votre argent chaque mois? L'exercice suivant exige de la concentration et de la minutie. Vous ne devez rien oublier, des gros articles, comme un prêt auto et le loyer, aux allocations pour de petites dépenses comme l'achat de cafés et de repas à la cafétéria de l'école. Tenir un registre de vos dépenses constitue la pierre angulaire de votre santé financière. Une des raisons principales pour lesquelles les gens (et les entreprises) font faillite consiste en une mauvaise gestion des liquidités. En termes simples: on dépense plus d'argent qu'on en fait. Ce n'est pas un très beau portrait!

Considérons la portion «dépenses» des budgets respectifs de François et de Pierre.

François (étudiant)

SOURCES DE DÉPENSES	DOLLARS
Vêtements	50 $
Nourriture	50 $
Épargnes	50 $
Divertissements	100 $
Dépenses scolaires	150 $
Dépenses totales	**400 $**

Pierre (jeune professionnel)

SOURCES DE DÉPENSES	DOLLARS
Hypothèque ou loyer	850 $
Prêt	300 $
VISA	125 $
Épiceries	150 $
Compte d'investissement	75 $
Chauffage	90 $
Taxes foncières	120 $

Électricité	55 $
Frais de copropriété	200 $
Assurances, auto et maison	125 $
Billets – transport	70 $
Essence pour l'auto	120 $
Sous-total des dépenses obligatoires	**2 280 $**
Découvert bancaire	400 $
Paiement pour ameublement	100 $
Téléphone cellulaire	65 $
Télécable, téléphone, Internet	125 $
Centre de conditionnement	32 $
Sous-total des dépenses secondaires	**722 $**
Dépenses pour loisirs	200 $
Sous-total des dépenses pour loisirs	**200 $**
Total des dépenses	**3 202 $**

Quelques notes concernant les postes budgétaires de Pierre. Les **dépenses obligatoires** concernent des choses essentielles, et vous aurez remarqué qu'elles incluent le poste *investissement*. Eh oui, votre sécurité financière est importante à ce point. D'autre part, les **dépenses secondaires** concernent les choses qui deviendraient pour vous non essentielles si un choix s'imposait. Normalement, il s'agit de choses auxquelles nous attribuons de la valeur ou qui nous rendent la vie plus facile. Quant aux **dépenses pour les loisirs,** on y retrouve des achats de produits de luxe, c'est-à-dire des choses qui rendent notre vie plus excitante.

À votre tour, maintenant. Remplissez la feuille de calcul à la page suivante en y inscrivant vos propres dépenses mensuelles.

SOURCES DE DÉPENSES	DOLLARS
Total des dépenses	

Nous voilà arrivés à la dernière pièce du casse-tête : combiner vos revenus et vos dépenses. Soustrayez le montant total de vos dépenses de celui de vos revenus et le tour est joué. En poursuivant avec les chiffres de François et de Pierre, voici les résultats :

François (étudiant)

Total des revenus mensuels	550 $
Total des dépenses mensuelles	400 $
Revenu net ou perte nette	**150 $**

Pierre (jeune professionnel)

Total des revenus mensuels	3 100 $
Total des dépenses mensuelles	3 202 $
Revenu net ou perte nette	**(102 $)**

En affichant un revenu net de 150 $ par mois, François se tire bien d'affaires. Cela lui accorde le loisir de mettre de l'argent de côté en vue d'un achat éventuel ou d'investir pour son avenir, si c'est là son désir. Il sait exactement le montant d'argent dont il dispose. Par contre, la situation de Pierre n'est pas

aussi reluisante, puisqu'elle se traduit par une perte mensuelle de 102 $. De toute évidence, quelque chose ne va pas. Une fois les dépenses obligatoires réglées, il ne reste à Pierre que bien peu d'argent chaque mois. Cette situation porte le nom de «pauvreté d'une famille», phénomène assez commun chez les jeunes propriétaires ou locataires. Pour l'éviter, on doit forcément modifier son mode de vie: se trouver un colocataire, déménager dans une maison ou un logis moins cher et considérer d'autres solutions de rechange (plus de détails plus loin sur des solutions à ce problème).

Allez-y, calculez maintenant votre revenu net ou votre perte nette, en utilisant la feuille de calcul ci-dessous ou une calculatrice.

Total des revenus mensuels	
Total des dépenses mensuelles	
Revenu net ou perte nette	

Alors, vos résultats se traduisent-ils par un surplus ou une perte? Ne vous en faites pas trop si le résultat final n'est pas fameux. Votre situation n'est certainement pas unique. De toute façon, une des raisons pour lesquelles vous avez acheté le présent livre, c'est pour vous aider à vous assurer le contrôle de vos finances. Vous êtes d'accord?

Le résultat final obtenu devrait vous servir de guide pour les prochaines étapes de votre métamorphose financière. Si vous faites face à une perte, c'est que vous dépensez trop! Dans les milieux financiers, il s'agit là d'un **déficit,** mot qui fait froncer les sourcils, c'est le moins qu'on puisse dire. Si, par contre, votre résultat final est positif, vous êtes en situation de **surplus,** somme toute une situation beaucoup plus enviable!

On enregistre normalement un surplus lorsqu'on alloue à un produit ou à un service un montant plus élevé que nécessaire.

Imaginons que vous désirez vous acheter un *hoodie* tout neuf, rouge et pas mal beau. D'après vos recherches, l'article se vend 40 $. Vous vous rendez donc à votre magasin préféré et vous y découvrez que le *hoodie* désiré est en solde à 30 $. Fantastique! Non seulement vous quittez le magasin avec votre nouvel *hoodie,* mais vous venez d'économiser 10 $.

La situation opposée se présente lorsque vous vous rendez au même magasin et découvrez que le *hoodie* n'est plus étiqueté à 40 $, comme la semaine dernière, mais à 50 $. Vous décidez tout de même de l'acheter, en puisant dans vos économies. Et voilà, vous venez de créer un déficit de 10 $.

Le domaine de l'impôt offre un autre exemple utile de ces concepts. Si votre employeur a prélevé trop d'impôts de votre chèque de paie au cours de l'année, vous recevrez sans doute un beau chèque du gouvernement par le courrier (un surplus). Dans le cas contraire, cependant, vous lui devrez de l'argent (un déficit).

Que faire dans de telles situations? Poursuivez votre lecture.

Actif et passif

Réservez de l'espace au bas de votre feuille de calcul pour votre actif et votre passif. Dans le domaine financier, l'**actif** inclut tout ce que vous possédez (maison, automobile, argent, bijoux, bicyclette et même l'équipement de sport), alors que le **passif** inclut normalement ce que vous devez (frais de scolarité, prêt-auto, hypothèque, dettes). Soustrayez votre passif de votre actif et vous obtiendrez votre **avoir net personnel,** et il n'y a rien de plus enthousiasmant que de voir cet avoir croître avec le temps!

Argent sous-utilisé : un surplus, c'est merveilleux !

Commençons par le scénario le plus favorable : un surplus à la fin de chaque mois. Félicitations ! Que ferez-vous alors ? Payer la tournée un soir à vos dix meilleurs amis ? Votre situation financière peut sans doute vous le permettre, mais ce ne serait pas le meilleur plan à long terme.

Avant que la vision de cafés au lait additionnels et de milliers de consommations n'envahisse votre esprit, rappelez-vous le chapitre 1 et la liste de vos objectifs. Quels sont-ils ? Vous jouissez d'une position enviable : de l'argent en surplus pour vous aider à transformer vos rêves en réalité. Au chapitre 5, nous aborderons les façons d'épargner pour acheter des choses que vous désirez à court terme. Pour le moment, il vous suffit de vous rappeler que vous devriez toujours mettre de l'argent de côté lorsqu'il vous est possible de le faire. Voici d'ailleurs quelques petits conseils à cet effet.

Il est acceptable de vous récompenser !

Nous avons beaucoup parlé de modération des dépenses afin de vous éviter des soucis financiers. Cependant, il importe aussi d'être fier de sa capacité génératrice de revenus et de se récompenser soi-même. Parfois, il peut s'agir de dépenser votre argent pour acheter des choses importantes à vos yeux. Par exemple, chaque année, j'essaie de me payer des vacances en guise de récompense. Prendre quelques semaines de congé pour explorer, me détendre et m'amuser me procure beaucoup de plaisir.

Que faire d'un surplus? Petits conseils

Si par bonne fortune votre budget affiche un surplus, voici quelques suggestions de ce que vous pouvez en faire:

- ouvrir un compte d'épargne et commencer à mettre de l'argent de côté;
- mettre en place un plan d'épargne automatique qui vous permet d'épargner, d'investir, ou les deux, sur une base régulière;
- rembourser des dettes à intérêt élevé (voir le chapitre 4);
- commencer à amasser de l'argent dans un fonds d'études post-secondaires;
- épargner pour le paiement initial de votre première maison;
- contribuer à un compte d'épargne-retraite (voir le chapitre 8);
- vous récompenser en utilisant une *partie seulement* de votre surplus.

Trop dépenser: les dangers d'un déficit

Ainsi donc, votre budget mensuel affiche un déficit. Vous dépensez plus d'argent que vous en gagnez, ce qui explique pourquoi vous devez continuellement emprunter de l'argent de vos parents pour payer vos billets d'autobus. Que devriez-vous faire? Que pouvez-vous faire? Trois solutions s'offrent à vous: réduire vos dépenses, augmenter vos revenus ou emprunter de l'argent. De toute évidence, la troisième solution n'est pas toujours bonne. Étudions ensemble quelques conseils pratiques concernant les deux autres solutions.

Conseils pratiques pour réduire ou éliminer un déficit

- **Remettez tout en question.** Étudiez attentivement votre budget. Quelles sont vos dépenses majeures? Dépensez-vous plus qu'il n'en faut chaque mois pour acheter des vêtements? Vos primes d'assurance automobile sont-elles excessivement élevées? Est-ce que certains changements à votre mode de vie pourraient contribuer à réduire votre sortie totale d'argent chaque mois? Éliminer deux pizzas par mois, par exemple, pourrait vous faire économiser 35 $!

- **Recherchez les opportunités.** Avez-vous la capacité d'accroître vos revenus? Pouvez-vous travailler quelques heures additionnelles ou conclure une entente avec vos parents telle qu'exécuter des tâches supplémentaires en échange d'une allocation accrue? Des amis se rendent-ils à l'école chaque jour dans *votre* voiture? Oui? Pourraient-ils défrayer une partie des coûts de l'essence? Avez-vous un talent caché susceptible de vous aider à gagner de l'argent additionnel? Ces choses peuvent sembler sans importance, mais la moindre petite chose peut aider.

- **Réorganisez vos priorités.** Placez vos objectifs d'épargne et d'investissement en tête de votre liste de dépenses. Ces derniers ne devraient pas être négociables; ils sont plus importants pour vous que quelques chaînes de télévision additionnelles ou qu'une sortie de plus chaque mois. Payez-vous toujours en premier (dans le but d'épargner ou d'investir), ne serait-ce que 25 $ par mois.

- **Étudiez votre flux de trésorerie.** Malgré le fait que nous aimerions les voir coulées dans le béton, nos dépenses fluctuent d'un mois à l'autre. Évidemment, cela affecte le flux de trésorerie, expression utilisée pour définir les changements qui touchent vos revenus et vos dépenses de mois en mois. Vous devez être conscient de ces fluctuations pour vous assurer un contrôle solide de vos habitudes de dépense. Par exemple, les gens ont tendance à dépenser davantage en décembre à cause de la période des fêtes. Si vous n'en tenez pas compte dans votre budget, votre solde de carte de crédit pourrait être assez élevé en début d'année suivante. La situation opposée pourrait aussi se produire. Vous payez-vous deux semaines de vacances chaque été? N'oubliez pas d'inclure vos frais de déplacement dans le budget du mois en question. Plus vous serez conscient des fluctuations, plus vous serez capable d'y réagir adéquatement.

- **Planifiez pour faire face aux situations d'urgence.** Vous réorganisez votre budget? Ce ne serait pas une mauvaise idée d'y ajouter un poste de dépense intitulé «fonds d'urgence». Si votre auto tombait en panne demain, auriez-vous assez d'argent pour payer les réparations requises? Si vous perdiez votre emploi la semaine prochaine, comment régleriez-vous vos dépenses jusqu'à ce que vous vous trouviez du travail? Personne n'aime dépenser plus qu'il n'a, mais les situations difficiles font partie de la vie. Bien souvent, les gens ne planifient pas pour l'imprévu. Lorsqu'une urgence se présente, ils sont contraints de travailler des heures supplémentaires, de payer des intérêts élevés sur des soldes de cartes de crédit ou de se passer de choses essentielles. Certains experts préconisent l'habitude de mettre de côté une somme équivalente à six mois de salaire dans le fonds d'urgence. C'est un peu excessif pour la personne moyenne. Déterminez un montant qui vous semble convenable et ajoutez-le à votre plan d'épargne à court terme (voir le chapitre 5).

- **Évitez toute dette.** C'est vraiment en dernier recours que vous devriez emprunter de l'argent pour régler vos dépenses. Nous parlerons en détail des dettes au chapitre 4. Pour le moment, il vous suffit de savoir qu'emprunter de l'argent pour vous payer quelque chose au-delà de vos moyens, c'est faire un premier pas sur une pente extrêmement glissante. En peu de temps, vous emprunterez pour rembourser la somme déjà empruntée, et ainsi de suite. Il vaut mieux vous demander si ce que vous êtes sur le point d'acheter est vraiment nécessaire. Vous serez étonné du nombre de fois que vous répondrez « Non! ».

Éviter la pauvreté liée au fait de posséder une maison

Peu après la fin de mes études et l'obtention de mon diplôme, je me suis acheté une maison en rangée. Je débordais d'enthousiasme. Non seulement j'avais un nouvel emploi et une nouvelle maison, mais je n'étais plus tenue de vivre au crochet de mes parents. Toutefois, en peu de temps, je me suis retrouvée prise au piège commun de la pauvreté liée au fait de posséder une maison. Essentiellement, je ne pouvais que payer les dépenses afférentes à ma maison!

Sur papier, quelqu'un comme moi peut gagner un très bon salaire. Cependant, une mauvaise gestion de mes liquidités et c'est la faillite, situation qu'ont vécue et que vivent bon nombre de Nord-Américains. Voyons ensemble comment cela peut se produire, en utilisant l'exemple de Pierre. Jeune homme de 25 ans, Pierre travaille au service des finances d'une compagnie de construction locale. Récemment, il s'est acheté un petit condominium; il lui reste aussi quelques prêts étudiants à rembourser. Bien qu'il ait un très bon emploi, Pierre ne parvient pas à boucler son budget à la fin du mois.

Analysons de nouveau son budget afin de déterminer pourquoi cela se produit.

Pierre en novembre

SOURCES DE REVENUS	DOLLARS
Emploi à temps plein	2 800 $
Travail à temps partiel	50 $
Total des revenus mensuels	**2 850 $**
SOURCES DE DÉPENSES	DOLLARS
Hypothèque ou loyer	850 $

Emprunt	300 $
VISA	125 $
Épiceries	150 $
Compte d'investissement	75 $
Chauffage	90 $
Taxes foncières	120 $
Électricité	55 $
Frais de copropriété	200 $
Assurances maison et auto	125 $
Billets d'autobus ou de métro	70 $
Essence pour la voiture	120 $
Sous-total des dépenses obligatoires	**2 280 $**
Découvert bancaire	0 $
Paiement pour meubles	100 $
Facture pour cellulaire	65 $
Câble, téléphone et Internet	125 $
Centre de conditionnement	32 $
Sous-total des dépenses secondaires	**322 $**
Dépenses pour loisirs	200 $
Sous-total des dépenses pour loisirs	**200 $**
Total des dépenses	**2 802 $**
Total des revenus mensuels	2 850 $
Total des dépenses mensuelles	2 802 $
Revenu net ou perte nette	**48 $**

Comme vous pouvez le constater, Pierre réussit à acquitter tous ses paiements et il lui reste même quelques dollars dans ses poches. En novembre, du moins, son compte bancaire n'affiche aucun découvert. En décembre, toutefois, la situation s'envenime.

Pierre en décembre

SOURCES DE REVENUS	DOLLARS
Emploi à temps plein	2 800 $
Travail à temps partiel	50 $
Total des revenus mensuels	**2 850 $**
SOURCES DE DÉPENSES	DOLLARS
Hypothèque ou loyer	850 $
Emprunt	300 $
VISA	125 $
Épiceries	150 $
Compte d'investissement	75 $
Chauffage	90 $
Taxes foncières	120 $
Électricité	55 $
Frais de copropriété	200 $
Assurances maison et auto	125 $
Billets d'autobus ou de métro	70 $
Essence pour la voiture	120 $
Sous-total des dépenses obligatoires	**2 280 $**
Découvert bancaire	0 $
Paiement pour meubles	100 $
Facture pour cellulaire	65 $
Câble, téléphone et Internet	125 $
Centre de conditionnement	32 $
Sous-total des dépenses secondaires	**322 $**
Cadeaux des fêtes	500 $
Dépenses pour loisirs	200 $
Sous-total des dépenses pour loisirs	**700 $**
Total des dépenses	**3 302 $**

Total des revenus mensuels	2 850 $
Total des dépenses mensuelles	3 302 $
Revenu net ou perte nette	**(452 $)**

Ah, les fêtes! Vous remarquerez que Pierre a dépensé un gros 500 $ à l'achat de cadeaux en décembre; une dépense pour ses loisirs qui a transformé son revenu net en une perte nette. Il est malheureux que Pierre n'ait pas planifié cette dépense (après tout, il n'ignorait tout de même pas que les fêtes approchaient), parce que cette somme déboursée en apparence peu élevée est accompagnée d'une sorte d'effet boule de neige. Voyez ce qui s'est produit en janvier.

Pierre en janvier

SOURCES DE REVENUS	DOLLARS
Emploi à temps plein	2 800 $
Travail à temps partiel	50 $
Total des revenus mensuels	**2 850 $**
SOURCES DE DÉPENSES	DOLLARS
Hypothèque ou loyer	850 $
Emprunt	300 $
VISA	125 $
Épiceries	150 $
Compte d'investissement	75 $
Chauffage	90 $
Taxes foncières	120 $
Électricité	55 $
Frais de copropriété	200 $
Assurances maison et auto	125 $
Billets d'autobus ou de métro	70 $
Essence pour la voiture	120 $
Sous-total des dépenses obligatoires	**2 280 $**

Découvert bancaire	452 $
Paiement pour meubles	100 $
Facture pour cellulaire	65 $
Câble, téléphone et Internet	125 $
Centre de conditionnement	32 $
Sous-total des dépenses secondaires	**774 $**
Achats – ventes du Nouvel An	300 $
Dépenses pour loisirs	200 $
Sous-total des dépenses pour loisirs	**500 $**
Total des dépenses	**3 554 $**
Total des revenus mensuels	2 850 $
Total des dépenses mensuelles	3 554 $
Revenu net ou perte nette	**(704 $)**

Rien d'étonnant alors que la perte nette de Pierre se soit accrue. Pourquoi? Parce qu'il n'a effectué aucun changement à son mode de vie qui lui aurait permis de réduire sa dette. Au lieu de diminuer ses achats en janvier, par exemple, il a préféré profiter des ventes du début d'année. De même, il a choisi de ne pas utiliser l'argent réservé à ses loisirs pour rembourser la dette contractée en décembre. S'il persiste à dépenser comme il le fait, sa dette continuera d'augmenter à coup sûr. Pire encore, même si Pierre mettait fin à ses dépenses «additionnelles», son budget «normal» ne lui permet pas de commencer à rembourser sa dette. Il y a fort à parier que cette dette et ses intérêts l'accableront très longtemps.

Cela fait peur, n'est-ce pas? Pierre constitue un exemple parfait de ce qui peut se produire lorsqu'on n'établit pas un budget réaliste et qu'on ne s'en tient pas à ses objectifs de liquidités. Comme vous pouvez le constater, la somme d'argent «perdu» augmente de mois en mois. De plus, il n'enregistre aucun progrès quant au remboursement de la somme due à

la banque. Non seulement est-il incapable de rembourser sa
dette, mais encore une certaine somme vient la gonfler chaque
mois. Dette sur dette, ça fait une plus grosse dette encore! Si
Pierre continue ainsi, n'apportant aucun changement ni à ses
dépenses mensuelles ni à son mode de vie, un sombre scénario
se concrétisera. Il empruntera de plus en plus d'argent, pigera
dans ses épargnes, vendra tous ses biens et sombrera davantage dans les dettes.

Curieusement, bon nombre de gens estiment que ces « solutions » sont plus faciles que celle d'effectuer des changements
de toute évidence nécessaires à leur mode de vie. Cependant,
le deuxième choix est de loin la solution la plus efficace! Voici
quelques idées susceptibles de vous aider à cet égard. D'ailleurs, je vous parlerai plus en détail d'un mode de vie frugal
au chapitre 5.

- **Envisagez de vous trouver un colocataire,** lequel dé-
  frayera une partie de l'hypothèque, de l'achat de nourriture
  et des factures de services d'utilité publique.

- **Respectez les recommandations quant à la bonne utilisation du chauffage et de l'électricité** pour vous aider
  à réduire vos factures mensuelles. Par exemple, éteignez
  les lumières et votre ordinateur avant de quitter la maison
  pour vous rendre au travail. De plus, assurez-vous que vos
  portes et vos fenêtres sont bien isolées.

- **Laissez tomber la câblodistribution.** Aussi douloureux
  que cela puisse sembler, le câble n'est pas une nécessité.
  Empruntez un livre ou des films de la bibliothèque de votre
  quartier.

- **Faites vous-même l'entretien.** Vous seriez étonné du
  nombre de gens qui en paient d'autres pour effectuer des
  tâches qu'ils pourraient faire eux-mêmes. Vous vous sentez

animé d'un esprit entrepreneurial ? Vous pourriez faire de l'argent en nettoyant la maison des autres, en tondant leur pelouse et en en râtelant les feuilles.

- **Réduisez.** Utiliser le site eBay est une merveilleuse façon de se débarrasser des choses dont on n'a plus besoin et d'en profiter pour gonfler un peu ses revenus.

- **Achetez usagé.** Si vous devez remplacer quelque chose dans votre maison ou votre appartement, un article usagé pourrait très bien faire l'affaire. Bien souvent, cela permet d'économiser des centaines, voire des milliers de dollars.

Dans le présent chapitre, bien que nous ayons abordé sommairement la question des dettes, elles n'en demeurent pas moins un concept clé. Avant de nous concentrer sur les façons d'épargner et d'investir votre argent si durement gagné, essayons de comprendre davantage comment éviter d'être étouffé par le crédit.

Chapitre 4

Se sortir de ses difficultés :
éviter d'être étouffé par le crédit

S'il existe une chose qui peut perturber grandement l'exécution du meilleur des plans financiers, c'est une montagne
de dettes. Prenons quelques minutes pour étudier le facteur dette. Qu'est-ce qui explique qu'on en devient la victime ?
Comment en devient-on victime ? Comment s'en sort-on ? Et,
peut-être plus important que tout, comment éviter de se faire
prendre au piège ?

Le gouffre financier

Sérieusement, l'argent ne pousse pas dans les arbres. Aussi
évident que cela puisse être, notre génération des 30 ans ou
moins ne le dépense pas moins comme s'il en était ainsi. Depuis 1989, le revenu disponible (le revenu après impôts) ne
s'est accru que de 1,8 % annuellement. Par contre, les dépenses à la consommation ont enregistré une hausse de 2,6 % par
année. Il m'apparaît clair que nous dépensons beaucoup plus
que nous gagnons et avons accumulé d'énormes dettes en cours
de route. Ça fait peur !

Mais comment cela se traduit-il en argent ? En Amérique du Nord, les jeunes dépensent plus de 112,5 milliards de dollars chaque année, ce qui signifie que nous avons un fort impact sur les achats ménagers. En moyenne, le jeune de 12 ou 13 ans dispose de 1 500 $ qu'il peut dépenser à sa guise chaque année ; c'est 4 500 $ pour le jeune de 16 ou 17 ans. Au-delà de ces âges, les chiffres varient considérablement selon les choix en matière d'éducation et de carrière. De façon générale, les jeunes ont plus d'argent de poche à dépenser que n'en avaient leurs parents (ou leurs tuteurs) qui ont tendance à payer le logement, le chauffage et l'électricité à partir de leurs gains.

Parce que les jeunes ont relativement peu de responsabilités financières, ils ont tendance à dépenser leur argent pour acheter les choses qu'ils désirent, et rarement les choses dont ils ont besoin. Pensons à Anne, une adolescente typique de 16 ans, qui habite encore chez ses parents. Ce sont eux ou des tuteurs qui paient pour les vêtements d'Anne, pour la loger et pour la nourrir. On lui donne peut-être même un peu d'argent pour effectuer des tâches ménagères. Puisque la satisfaction d'aucun de ses besoins n'est négligée, Anne peut dépenser son argent comme bon lui semble. (À l'opposé, bien sûr, la situation d'un jeune étudiant pourrait être bien différente. En effet, il pourrait être contraint de payer son épicerie, son loyer, ses frais de scolarité et ses livres ; son budget serait sans doute très serré.)

Mais, de retour au jeune de 16 ou 17 ans, supposons que le montant de 4 500 $ soit exact, ce qui représente environ 375 $ par mois qu'on peut dépenser à sa guise. Mais où le dépense-t-il ?

Comment on se laisse prendre au jeu

Keaton, 17 ans, et Claire, 16 ans, se fréquentent depuis six mois. Les fins de semaine, pour s'accorder un répit de leurs travaux scolaires, ils se retrouvent souvent au centre d'achats. Ils aiment tous deux acheter de la musique, des vêtements et d'autres articles sous l'inspiration du moment. Après une journée d'achats bien remplie, ils se joignent souvent à leurs amis pour un repas, suivi d'un bon film. Il n'est pas rare pour chacun d'eux *de dépenser 80 $ au cours d'une fin de semaine.*

Comme Keaton et Claire, de nombreux jeunes dépensent la majeure partie de leur argent au centre d'achats. Nous avons tendance à nous y rendre chaque semaine et à y dépenser, en moyenne 46,80 $. Au cours d'une année, cela représente 2 433,60 $!

Pourquoi dépensons-nous autant d'argent ? Le marché compte de puissantes machines de commercialisation et de publicité. Depuis des décennies, les sommes d'argent consacrées à la publicité n'ont cessé d'augmenter. Entre 2003 ct 2004, par exemple, le budget de la publicité s'est accru de 17 %. Rien d'étonnant alors que nous nous sentions fortement poussés à acheter. Les annonces publicitaires sont extrêmement convaincantes, et elles disent toutes la même chose : « Vous avez *besoin* de ce service ou de ce produit, et vous en avez besoin *immédiatement.* »

Essentiellement, notre génération se retrouve immobilisée dans le piège appelé « dettes » à cause d'une soi-disant thérapie du magasinage. Fortement influencés par toute cette publicité, nous achetons le bonheur. Nous voyons une annonce de bière et pensons que si nous buvons la marque proposée, cela s'accompagnera de la vie que dépeint la publicité en question. Nous achetons une crème pour la peau parce que nous désirons ressembler au modèle qui figure dans l'annonce. Nous poursuivons les rêves que les compagnies de publicité nous vendent, et cela nous plaît ! Normalement, nous sommes heureux de nos achats, du moins jusqu'au jour où nous trouvons l'état de compte de notre carte de crédit dans le courrier.

Bien que les machines de marketing et de publicité soient puissantes, vous pouvez renverser la situation en votre faveur et en faire une source de connaissance et non de persuasion. Si vous vous proposez d'acheter une automobile, par exemple, faites des recherches. Utilisez la publicité pour en apprendre davantage sur tel ou tel véhicule (son prix, sa cote de sécurité, sa qualité et ainsi de suite). Par la suite, vous serez en mesure de comparer les marques et les modèles. Pour tout service ou produit suffisamment important que vous vous proposez d'acheter, c'est une bonne idée de faire quelques recherches et d'obtenir des renseignements fiables afin de prendre la meilleure décision.

Comparer les prix peut être amusant. Lorsque je fréquentais l'université, mon amie, Laura, désirait s'acheter un nouveau véhicule. Elle était finalement parvenue à épargner suffisamment d'argent pour se payer une bonne voiture d'occasion pour remplacer la vieille bagnole qu'elle conduisait depuis des années. Laura s'accorda quelques mois avant de prendre une décision finale. Elle s'informa sur Internet de la qualité et de la cote de sécurité de quelques marques et modèles, discuta avec des amis qui conduisaient une automobile susceptible de l'intéresser et effectua des essais routiers d'automobiles favorites à quelques reprises. Étant lentement parvenue à réduire ses choix à deux marques d'automobile, elle commença à en négocier le prix avec des vendeurs de voitures d'occasion et des propriétaires privés. Au bout du compte, elle choisit d'acheter une Acura RSX, une très bonne affaire. Puisqu'il s'agissait d'une voiture d'occasion et qu'elle prit le temps de négocier, Laura réalisa des économies. Finalement, elle économisa aussi parce qu'elle prit le temps de faire des recherches, ce qui lui évita de se faire duper par des gens mal intentionnés. Laura est aujourd'hui l'heureuse propriétaire d'une automobile et elle n'a pas eu à réserver toutes ses économies pour l'achat de la voiture qu'elle désirait.

Des dettes, des dettes et encore des dettes : les dangers de l'intérêt

Ainsi donc, nous avons établi que dépenser de l'argent est amusant. En effet, nous aimons acheter des choses que nous désirons et dont nous avons besoin. Et il est certain, qu'en cela, la plupart d'entre nous se tirent très bien d'affaire ! Il nous suffit de penser à telle ou telle chose que nous désirons, de la trouver, de l'acheter et c'est tout ; l'argent est dépensé.

C'est là le bon côté de la médaille. L'envers, moins rose, c'est que nous avons rarement l'argent requis pour conclure l'achat, ce qui ne nous empêche pas d'aller de l'avant quand même. Comment ? Nous nous endettons.

Étant donné qu'obtenir du crédit est tellement facile, l'idée de devoir de l'argent ne nous gêne aucunement. La plupart d'entre nous ont des cartes de crédit et n'hésitent pas à s'en servir. Nous vivons dans une société « achetez maintenant et payez plus tard » et nous pensons qu'il est normal de nous offrir ce que notre cœur désire ardemment, immédiatement, et sans prendre le temps d'épargner. Nous portons nos achats à notre carte de crédit et sommes contraints, par la suite, de travailler des heures supplémentaires pour payer nos nouveaux caprices. Mais pire encore, au bout du compte, ces fantaisies nous coûtent beaucoup plus cher que ce que nous devrions normalement payer. Si nous sommes incapables de régler le solde mensuel de notre carte de crédit, l'institution prêteuse y ajoute un montant d'intérêts, habituellement entre 18 et 20 % ! Et voilà que le sentiment de joie que nous avait valu la gratification instantanée s'est transformé en une situation où nous payons continuellement pour le passé, au lieu d'investir pour l'avenir ! On ne se sent plus aussi heureux, n'est-ce pas ?

Prenons un moment pour analyser sérieusement ce phénomène. Supposons que vous achetiez quelques complets chez

votre magasin préféré, pour un total de 600 $ que vous porte-
riez à votre carte de crédit. Le paiement minimal requis serait
d'environ 45 $ (selon le taux d'intérêt de votre carte – 19 % en
moyenne). Si vous vous contentiez de ne payer que ce montant, cela ne représenterait guère plus que le paiement de
l'intérêt ajouté à votre solde! Et si vous poursuiviez ainsi, le
remboursement du 600 $ initial s'échelonnerait sur 15 et peut-
être 20 mois. Mais, pire encore, le coût « véritable » de votre
emprunt (principal plus intérêts) serait de 675 $ à 900 $! Si,
par contre, vous pouviez régler votre solde en moins de 30
jours, vous ne paieriez aucun intérêt.

Ainsi donc, avant de vous empresser de présenter votre
carte de crédit, examinez si vous serez capable d'en régler le
solde. Si l'exercice de remboursement risque de s'échelonner
sur des mois, il vaut peut-être mieux alors reporter l'achat à
une date ultérieure.

Vous en sortir

*Âgé de 24 ans, Michel est apprenti électricien. Vers la fin de
son adolescence, il avait accumulé une dette d'environ 21 200 $.
Puisque de nombreux ennuis financiers lui avaient rendu
difficile l'emprunt d'argent à des taux d'intérêt raisonnables,
inutile de dire que Michel n'a pas terminé de rembourser sa
dette.*

La situation de Michel vous est-elle familière? Croulez-
vous sous les dettes? Avez-vous plusieurs soldes de cartes de
crédit à régler sans avoir la moindre idée de comment vous allez vous y prendre? En premier lieu, je vous suggère de relire
les sections de ce livre sur le mode de vie sans faste. Faites-
moi confiance, cela vous aidera. Mais l'élément principal est le
suivant: vous devez réduire vos dépenses pour disposer d'une
certaine somme d'argent. C'est à partir de ce moment que vous

À quel moment une carte de crédit est-elle une bonne affaire?

Les cartes de crédit ne sont pas toujours une mauvaise chose. En fait, elles peuvent être très utiles pour établir votre **cote de crédit**. D'ailleurs, vous aurez besoin de cette dernière au moment de l'achat d'un article coûteux comme une maison ou une automobile. Pour emprunter de l'argent, vous devez être capable de prouver que vous êtes suffisamment responsable pour rembourser le montant emprunté. En cela, la carte de crédit offre une bonne occasion de montrer aux créanciers éventuels que vous êtes capable de gérer une dette.

Les cartes de crédit nous permettent aussi de réserver des forfaits-vacances, d'acheter en ligne, de payer des frais de scolarité et ainsi de suite, sans oublier qu'elles peuvent dépanner. Par exemple, alors qu'un jour je me suis retrouvée en panne à environ 500 km de chez moi, je me suis servi de ma carte de crédit pour payer le mécanicien. Je suis rentrée à la maison en toute sécurité et j'ai utilisé mon chèque de paie suivant pour régler ma facture.

pourrez payer vos dettes. (Et n'oubliez pas de mettre en pièces votre carte de crédit avant de vous enliser davantage!)

La stratégie de réduction de dette que nous élaborerons ensemble dans les prochaines pages est conçue pour ceux et celles qui manquent véritablement d'argent. La stratégie est aussi des plus simples. Vous êtes prêt? Un avenir libre de dettes est réalisable.

Étape 1 : Trouvez-vous un rouleau de papier d'emballage.

Tout à fait, du papier d'emballage. Prenez un vieux rouleau

de papier, oublié au fond d'un placard. Déroulez-en un mètre environ et collez-le sur votre mur, le côté illustré vers l'intérieur.

Étape 2 : Déterminez quelles sont vos dettes. À l'aide d'un stylo, listez-les sur votre mètre de papier : dettes de cartes de crédit, emprunts, le 10 $ qu'un ami vous a prêté la semaine dernière. Ensuite, sous chaque entête, écrivez le taux d'intérêt correspondant, le solde de départ et le paiement minimal dû. Utilisons l'exemple de Michel ; son tableau suit et le vôtre lui sera semblable.

	VISA	AMERICAN EXPRESS	PRÊT AUTO	MARGE DE CRÉDIT ÉTUDIANT
Taux d'intérêt (%)	19,5	18,5	9,5	5,9
Solde de départ	1 200 $	1 000 $	9 000 $	10 000 $
Paiement minimal	65 $	35 $	150 $	200 $

En préparant votre tableau, prêtez particulièrement attention à la colonne «taux d'intérêt». Si vous êtes comme la plupart des gens endettés, vous vous arrêtez davantage aux sommes dues qu'aux taux d'intérêt. C'est là une erreur commune. Peut-être que régler les petites dettes en premier lieu peut vous apporter davantage de satisfaction, mais les taux d'intérêt plus élevés correspondent à vos plus grosses dettes, il vaut mieux se concentrer sur ces dettes au départ (je vous en dirai davantage à ce sujet à l'étape 4).

Étape 3 : Faites de la réduction de vos dettes un élément de votre budget. Maintenant, amusons-nous. Chaque mois, vous devez vous assurer d'être capable d'effectuer vos paiements mensuels ; c'est le minimum. Pour y parvenir, vous devez placer ces montants au début de votre budget mensuel. Dans le cas de Michel, le montant total qu'il doit allouer au paiement de ses dettes est de 450 $ (65 $ + 35 $ + 150 $ + 200 $). Alors,

allez-y et effectuez ces paiements. Placez un X sous la dette pour laquelle vous avez effectué un paiement régulier.

Étape 4 : Utilisez votre argent de poche. Ensuite, vous devez prêter attention à la dette qui engendre le taux d'intérêt le plus élevé. Chaque mois, faites tout en votre pouvoir pour allouer un peu plus d'argent au paiement de cette dette, aussi peu que 20 $ par mois peut aider. Dans le cas de Michel, il voudra réserver tout argent additionnel au paiement de sa carte VISA, puisque le taux d'intérêt de 19,5 % est le plus élevé de toutes ses dettes. Un bon truc pour gérer l'application de paiements additionnels consiste à les espacer de façon à les faire deux semaines environ après le premier paiement. À cause de la façon dont le montant d'intérêt est calculé (surtout dans le cas des cartes de crédit), vous pourrez ainsi régler votre dette beaucoup plus rapidement.

Étape 5 : Une de réglée ; il en reste trois. Dès lors que vous avez réglé la dette avec le taux d'intérêt le plus élevé, vous pouvez vous en féliciter et passer à la suivante. Pour Michel, il s'agit du solde de sa carte American Express. Il reprendrait l'exercice de l'étape 3, en effectuant le paiement minimal sur tout, en réservant tout argent additionnel à la réduction du solde American Express et en effectuant un paiement deux semaines après le paiement minimal. Cependant, ce devrait être plus facile pour Michel de trouver cet argent puisque, après tout, la dette VISA n'existe plus ! En fait, il a dorénavant 65 $ de plus à dépenser chaque mois. Après avoir réglé le solde d'American Express en entier, il pourra se concentrer encore davantage sur la dette restante.

Voilà ! C'est aussi simple que cela. Le tableau qui suit représente la grille de paiements de Michel ; elle illustre ce que je viens de décrire. Il ne s'agit là que d'un exemple du fonctionnement de cette méthode de réduction de dette. Cela pourrait vous prendre plus ou moins de temps ; tout dépend de votre situation. De plus, vos paiements minimums pourraient aussi être différents. Toutefois, ce que ce tableau offre d'extraordinaire, c'est qu'il peut facilement être adapté à vos besoins.

En fin de compte, la meilleure solution pour réduire vos dettes est de les éviter en premier lieu ou d'éviter d'en accumuler davantage au moment où vous travaillez à réduire vos vieilles dettes. Si vous pouvez éviter de contracter des dettes, vous aurez plus de liquidités. Plus d'argent signifie plus de choix et, plus vous avez de choix, plus vous êtes libre. Rappelez-vous qu'il est très facile de dépenser 1 000 $; j'y parviendrais en trente minutes. Par contre, il est beaucoup plus difficile de les rembourser !

	VISA	AMERICAN EXPRESS	PRÊT AUTO	MARGE DE CRÉDIT ÉTUDIANT
Taux d'intérêt (%)	19,5	18,5	9,5	5,9
Solde de départ	1 200 $	1 000 $	9 000 $	10 000 $
Paiement minimal dû	65 $	35 $	150 $	200 $
1 juin 2006	X	X	X	X
15 juin 2006	30 $	S/O	S/O	S/O
1 juil. 2006	X	X	X	X
15 juil. 2006	30 $	S/O	S/O	S/O
1 août 2006	X	X	X	X
15 août 2006	30 $	S/O	S/O	S/O
1 mars 2007	Payé	X	X	X
15 mars 2007	Payé	65 $	S/O	S/O
1 avril 2007	Payé	X	X	X
15 avril 2007	Payé	65 $	S/O	S/O
1 mai 2007	Payé	X	X	X
15 mai 2007	Payé	65 $	S/O	S/O
1 déc. 2007	Payé	Payé	X	X
15 déc. 2007	Payé	Payé	100 $	S/O
1 jan. 2008	Payé	Payé	X	X

15 jan. 2008	Payé	Payé	100 $	S/O
1 fév. 2008	Payé	Payé	X	X
15 fév. 2008	Payé	Payé	100 $	S/O
1 fév. 2009	Payé	Payé	Payé	X
15 fév. 2009	Payé	Payé	Payé	225 $
1 mars 2009	Payé	Payé	Payé	X
15 mars 2009	Payé	Payé	Payé	225 $
1 avril 2009	Payé	Payé	Payé	X
15 avril 2009	Payé	Payé	Payé	225 $
1 mai 2009	Payé	Payé	Payé	Payé

X = Paiement régulier
S/O = Pas de paiement additionnel

La consolidation

Si votre dette totale est très élevée, il vaudrait peut-être la peine de tenter de négocier un **emprunt de consolidation**. Il s'agit d'un emprunt où toutes vos dettes sont consolidées en un seul prêt à taux d'intérêt réduit, ce qui vous permet de faire un seul paiement mensuel, au lieu de trois, quatre ou plus. Je vous recommande fortement de vous informer auprès de votre conseiller bancaire personnel pour savoir si vous êtes admissible à ce genre de prêt. Bien qu'il ne se négocie pas facilement, vous ne saurez jamais si vous pouvez en bénéficier à moins de vous informer.

L'élément clé d'un emprunt de consolidation est d'éviter d'alourdir davantage sa dette durant le remboursement de l'emprunt. Vous ne voulez pas rembourser votre emprunt pendant trois ans pour vous retrouver, au bout de 36 mois, contraint d'en négocier un nouveau parce que vous avez fait preuve d'irresponsabilité financière.

Un peu d'information additionnelle sur les paiements bimensuels

Bien que nous ayons déjà abordé brièvement le sujet, le plan de paiements bimensuels mérite qu'on lui accorde un peu plus de temps, surtout lorsqu'il s'agit de régler de lourdes dettes.

Réduire vos dettes grâce aux paiements bimensuels vous permet d'affecter plus d'argent au principal, plutôt qu'aux intérêts courus. En agissant ainsi, vous payez votre dette plus rapidement que vous ne le feriez si vous vous en teniez à un paiement combiné (principal + intérêts) chaque mois.

Disons que le solde de votre carte de crédit s'élève à 40 000 $ (c'est un cas extrême, je sais, mais ce montant aidera à prouver ce que j'avance). Pour une telle dette, votre paiement mensuel minimal serait d'au moins 850 $. Compte tenu d'un taux d'intérêt de 19,5 %, environ 750 $ seraient affectés au paiement des intérêts courus et seulement 100 $ au principal. À ce rythme, éliminer votre dette exigerait presque six ans de paiements.

Pour clarifier mon point, disons que vous payez 1 000 $ par mois la première année. Au bout de 12 mois, votre solde à payer serait de 35 354,69 $. Un peu déprimant, compte tenu que vous auriez consacré 12 000,00 $ à la réduction du solde de votre carte de crédit !

Maintenant, voyons ce qui se produirait si vous payiez 500 $ par deux semaines au lieu de 1 000 $ par mois : après 26 paiements, votre solde serait de 34 287,81 $, soit une différence appréciable de 1 066,88 $ en votre faveur.

Si vous me suivez, la conclusion évidente du processus de paiements bimensuels sera une économie d'environ 6 000 $ sur une période de quatre ans, sans oublier une économie de temps. En respectant les paiements mensuels, vous auriez besoin de 65 mois pour régler votre dette, comparativement à 57 mois avec la méthode de paiements bimensuels.

En passant, un paiement bimensuel accéléré est aussi très bénéfique dans le cas d'autres grosses dettes comme une hypothèque et un prêt auto. Un paiement bimensuel accéléré est similaire à un paiement bimensuel régulier, sauf qu'il est un peu plus élevé. En règle générale, la différence est minime, soit de 15 à 50 $. Mais, si la différence est minime, l'impact sur la période de temps requise pour régler votre dette est loin de l'être. Par exemple, si votre hypothèque est échelonnée sur une période de 25 ans, un paiement bimensuel accéléré réduira votre période d'amortissement (la période de temps nécessaire pour tout payer). Pour illustrer davantage, supposons que vous achetiez une maison de 200 000 $ et négociiez une hypothèque échelonnée sur 25 ans, vous seriez requis de faire 300 paiements égaux de 1 000 $ pour rembourser votre prêt (douze paiements par année). En préférant le mode de paiement bimensuel accéléré de la moitié de la somme, soit de 500 $ toutes les deux semaines, vous feriez 26 paiements par année. Bien sûr, il vous en coûterait un paiement de 1 000 $ additionnel chaque année, soit un total de 13 000 $ au lieu de 12 000 $ annuellement, mais si l'intérêt maintenait sa moyenne historique de 8 % au fil des ans, vous rembourseriez votre prêt hypothécaire en 19 ou 20 ans au lieu de 25 ans. C'est une bonne astuce !

Il est important de comprendre que le paiement bimensuel accéléré, ce n'est pas pour tout le monde. Que faire si votre budget est très serré, jusqu'au dernier 15 ou 50 $, vous empêchant de profiter de cette astuce ? Eh bien, voici ma recommandation : au fur et à mesure que votre situation financière s'améliorera (en cela, *Trente ans et riche !* jouera un rôle clé) et que vous commencerez à faire plus d'argent, adoptez le mode de paiement bimensuel accéléré et profitez de cette opportunité pour réduire la période de temps requise pour rembourser votre prêt.

Que signifie tout cela au fond? La meilleure façon d'éviter toute dette est d'adopter un mode de vie caractérisé par la frugalité et de vous concentrer sur la nécessité d'épargner pour votre avenir. En faisant de l'épargne votre priorité, vous serez suffisamment motivé pour résister à toute tentation de vous endetter. Rappelez-vous que vous épargnez en vue de votre bien-être financier – pour atteindre vos propres objectifs et réaliser vos propres rêves. Dans le prochain chapitre, nous étudierons ensemble comment nous y prendre.

Chapitre 5

Épargner sans délai

L'épargne n'est pas l'investissement. Dans le premier cas, vous mettez de l'argent de côté pour vous payer des choses que vous désirez à court terme comme des vacances, un nouvel ordinateur ou une bicyclette, ou encore pour verser un acompte sur l'achat d'une maison ou d'une automobile. L'investissement, par contre, c'est du long terme ; pensez en fonction de votre retraite.

Si vous épargnez de façon diligente, vous pouvez à coup sûr vous payer les choses que vous désirez. Et puisqu'il est question de périodes de temps relativement courtes, c'est une chose passablement gratifiante. Par exemple, pendant mes études universitaires, j'ai économisé de l'argent en vue du versement initial à l'achat d'une maison. Une fois diplômée, les années d'économie de bouts de chandelles ont porté fruit, alors que j'ai pu jouir de ma nouvelle maison en rangée. Investir aussi est gratifiant, mais il est plus difficile de visualiser un objectif qui mettra 40 ans à se concrétiser.

Alors, considérons l'épargne comme quelque chose que vous faites pour des objectifs que vous prévoyez atteindre d'ici 12 à 36 mois. Vous pourriez, par exemple, mettre de l'argent de côté pendant 24 mois en vue de prendre des vacances, en le déposant dans un compte d'épargne chaque fois que vous recevez votre chèque de paie. Bien que ce genre de compte rapporte peu d'intérêts, vous ne courez aucun risque de perdre un cent. L'argent que vous y déposerez vous sera disponible lorsque vous aurez besoin de le retirer.

Épargne 101

En prévision de sa première année d'université, cet automne, Rebecca, 18 ans, a bien tenté d'épargner suffisamment d'argent pour s'acheter un portable, mais, après quelques mois, elle a laissé tomber. Elle semble incapable d'enregistrer quelque progrès que ce soit. À deux mois du début de ses cours, elle devra emprunter pour s'acheter un portable.

L'histoire de Rebecca vous est-elle familière? Avez-vous la moindre idée de ce qu'elle fait de mal? Si vous avez lu le chapitre 2, vous savez qu'elle n'aborde pas l'atteinte de ses objectifs de façon méthodique. Elle n'a pas de plan d'action et, sans lui, elle sera sûrement déçue. Pour réussir à épargner, vos objectifs doivent être clairs et vous devez avoir un plan qui vous permettra de les atteindre.

Comme pour l'investissement, sujet que nous aborderons aux chapitres 6 et 7, l'épargne exige qu'on s'y applique. Devant un marché qui regorge de produits et de services aussi alléchants les uns que les autres, épargner est difficile. Vous pourriez facilement dépenser 1 000 $ au centre d'achats en deux petites heures, mais il vous faudrait peut-être une année pour renflouer votre compte d'épargne du même montant. Oui, résister aux tentations, c'est tout un défi, mais les résultats en valent l'effort. Par la suite, vous aurez plus d'argent que la majorité des gens de votre âge, et cet argent vous aidera à réaliser vos rêves.

S'assurer que ça fonctionne : une vie frugale

Je vous présente Danika, étudiante universitaire de 21 ans qui travaille à temps partiel comme serveuse dans un restaurant. Heureusement que le salaire est bon, puisqu'il lui permet de payer ses frais de scolarité et de jouir d'un peu d'argent de surplus chaque mois. Mais pour y parvenir, Danika doit respecter un mode de vie passablement frugal. Elle prépare son propre repas du midi et ne se paie qu'un ou deux cafés par semaine. Elle n'achète pas de livres ni de revues et ne loue pas de films, elle les emprunte de la bibliothèque. De plus, elle achète ses vêtements dans une friperie. Tout ce qu'elle fait en vaut la peine, puisque, au moment où elle obtiendra son diplôme, Danika sera parvenue à épargner environ 4 000 $, soit une somme suffisante pour faire un voyage ou pour effectuer le paiement initial de sa propre maison.

L'élément clé d'une gestion avisée de l'argent est d'adopter un mode de vie frugal. Doucement, pas de panique ! Cela ne veut pas dire « pingre en tout », mais être conscient de ce que vous dépensez et, plus important que tout, savoir *pourquoi* vous le dépensez. Vous désirez exercer le plein contrôle sur votre argent ? Exercez-le sur vos dépenses !

Éléments de base de la frugalité. « Dépensez votre argent sagement. » Combien de fois avez-vous entendu ce conseil ? La personne qui vous l'a prodigué comptait-elle une génération ou deux de plus que vous ? Ne laissez pas ce fait influencer votre opinion. En dépit de ce que vous êtes prêt à croire ou non, ce conseil a beaucoup de valeur. Mon amie, Erin, est la reine de la frugalité. Au fil des ans, elle a prodigué de précieux conseils (même à moi) quant à l'adoption d'un mode de vie frugal, sans oublier de très bons trucs pour économiser de l'argent.

Ensemble, nous avons dressé une liste de trucs et de petits conseils pour vous aider à adopter ce mode de vie :

- **Soyez impitoyable.** Avant d'aligner sur le comptoir-caisse des dollars si durement gagnés, demandez-vous si vous avez vraiment besoin de l'article que vous vous apprêtez à acheter. Si vous n'avez pas besoin d'une autre paire de sandales à sangles ou d'un nouvel ensemble de haut-parleurs pour votre système de son, vous voudrez peut-être en ajuster la priorité sur votre liste d'emplettes. Difficile de prendre une décision ? Accordez-vous 24 heures avant d'acheter. Bien souvent, vous changerez d'avis.

- **Cessez d'acheter à crédit.** Votre carte de crédit est pour vous une source de problèmes ? Cachez-la, enlevez-la de votre portefeuille, confiez-la à un parent ou à un adulte digne de confiance, ou encore, glissez-la dans un sac réutilisable à glissière que vous aurez rempli d'eau et placé au congélateur. Le temps qu'il faudra pour que votre carte dégèle, vous aurez bien le temps de réfléchir à votre achat « essentiel ». Et ne perdez pas votre temps à briser la glace puisque cela ne ferait qu'endommager votre carte.

- **Négociez.** Tout peut être négocié. Si vous avez l'impression que le taux d'intérêt de votre carte de crédit est trop élevé, discutez-en avec un représentant du service à la clientèle. Négociez de meilleurs taux pour le remboursement de vos dettes, ainsi que pour vos services Internet et de téléphone cellulaire. Rappelez-vous qu'il suffit de demander pour obtenir.

- **Réduisez.** Puisqu'il s'agit de négocier, pourquoi ne pas en profiter pour réviser vos différents plans. Avez-vous vraiment besoin de toutes ces chaînes de télévision ou d'un si grand nombre d'heures d'accès à Internet chaque mois ? Avez-vous besoin des services de messagerie texte et de boîte vocale sur votre cellulaire? Réfléchissez sérieusement et laissez tomber tout ce dont vous n'avez pas besoin.

- **Transformez-vous en chasseur d'aubaines.** Cherchez les articles en vente ou offerts au rabais là où vous faites vos emplettes. Visitez le site eBay et rendez-vous dans des endroits où des articles sont mis aux enchères, dans des ventes de garage ou de succession. Je l'ai fait et j'ai connu beaucoup de succès. Ma table de salle à dîner m'a coûté 50$, mon meuble télé 8$, ma cuisinière 60$ et mes deux superbes divans en cuir 500$! Grand total : 618$. Si j'avais acheté ces articles neufs, ils m'auraient coûté près de 3 500$. Vous pouvez aussi vous rendre dans les magasins d'antiquités où vous pourriez trouver des vêtements, des bijoux et d'autres articles fort intéressants.

- **Amusez-vous à bas prix.** Ne manquez pas d'appliquer les règles du chasseur d'aubaines à d'autres domaines de votre vie. Si vous aimez manger au restaurant et sortir au cinéma, soyez à l'affût des bons de réduction ou des soirées deux pour un, ou informez-vous des salles de cinéma les moins chères. Mieux encore, pourquoi ne pas accueillir vos amis chez vous pour un repas-partage et une soirée cinéma? Saviez-vous que la plupart des bibliothèques ont une importante collection de films et de DVD? Si louer un film ou un DVD coûte moins cher qu'un billet d'entrée dans une salle de cinéma, emprunter ne coûte rien! (Un tuyau : on peut aussi emprunter des bibliothèques des CD.)

- **Réfléchissez à vos habitudes alimentaires.** Nous dépensons des sommes énormes pour nous nourrir, que nous habitions chez nos parents ou seuls. Voici quelques idées qu'il est bon de garder à l'esprit :

  - Si vous habitez la maison de vos parents, mangez-y, ou préparez votre repas du lendemain. En plus de torpiller votre budget, la malbouffe pourrait vous coûter plus de 100 000 $ au cours de votre vie.

- Cessez de boire des boissons gazeuses. Vous aurez plus d'argent dans vos poches et serez en meilleure santé.

- Essayez de réduire votre consommation de viande (les mets végétariens sont souvent moins coûteux à préparer).

- Achetez vos aliments en vrac (plus la quantité est grande, moins c'est cher).

- Et, finalement, choisissez le café ordinaire de préférence au café de spécialité. (Mieux encore, achetez-vous une tasse de voyage pour votre propre boisson chaude.)

- **Recouvrez une bonne santé.** Un mode de vie sain peut être remarquablement abordable. Vous buvez ou fumez ? Pensez-y un instant : arrêter ou réduire vous procurera plus d'argent dans vos poches et quelques années de vie additionnelles. La marche ou le vélo au lieu de la voiture ou du transport en commun feront en sorte que vous vous sentirez mieux physiquement… et financièrement. Pourquoi ne pas en faire l'essai pendant une semaine et évaluer les résultats ?

C'est simple, non ? Assez simple. En effet, il n'est pas facile de changer de mode de vie ou de vous restreindre quant aux choses que vous aimez vraiment, mais tout cela en vaut le coût, au bout du compte. Adoptez le point de vue suivant : si vous éliminiez une tasse de café de spécialité à 3 $ chaque jour de la semaine (vous pourriez vous en régaler les fins de semaine, si cela s'avérait pour vous essentiel), vous disposeriez d'environ 60 $ de plus par mois ! Une somme que vous pourriez ajouter à vos épargnes afin de vous acheter une nouvelle paire de souliers, un forfait-vacances ou une voiture neuve. Le choix vous appartient.

Engagez-vous !

De nombreux conseillers financiers suggèrent d'épargner au moins 10 % des revenus gagnés.

Je crois qu'il est possible de faire mieux. Si vous travaillez et vivez seul, pourquoi ne pas viser 20 % ? (Je respecte cet objectif depuis des années maintenant.) Si vous vivez chez vos parents et n'avez pas de dépenses comme un loyer ou une hypothèque, je vous mets au défi de consacrer 50 % de vos revenus à l'épargne. Jamais vous n'aurez pareille occasion d'épargner autant. Réfléchissez à votre épargne mensuelle, engagez-vous à lui consacrer un montant réaliste et écrivez-le ci-dessous :

Je, _____, m'engage à consacrer à l'épargne _____ chaque mois ou à chaque chèque de paie.

Parmi tous vos engagements pécuniaires, il est important d'accorder la priorité à votre engagement à épargner. Payez-vous d'abord puisque personne d'autre ne le fera !

Maintenant que vous savez comment épargner de l'argent, que devez-vous en faire ? Poursuivez votre lecture.

De la théorie à la pratique

Je vous présente Christopher, un jeune homme de 19 ans, dont les meilleurs amis préparent un voyage de ski à Whistler, prévu dans 12 mois. Les parents de Christopher sont d'accord, mais le voyage ne sera pas à leurs frais. Avec seulement 12 mois devant lui, Christopher est un peu nerveux. Il ne sait même pas où commencer.

L'astuce avec l'argent, comme avec à peu près tout d'ailleurs, c'est de réduire les choses à l'essentiel. Christopher a un an pour épargner 1 000 $. Si vous abordez l'objectif en termes de 12 mois, cela signifie qu'il devra mettre de côté environ 83 $ par mois. Puisqu'il habite chez ses parents, et a très peu de choses à payer, épargner une telle somme chaque mois semble très raisonnable. Toutefois, comme nous l'avons déjà appris, épargner de l'argent peut s'avérer difficile. Et si son auto subissait une panne majeure ? Et si les haut-parleurs tant désirés étaient soudainement offerts en réduction ?

Une façon de vous assurer d'épargner en évitant toute distraction est de vous engager à respecter un plan. En suivant quelques étapes simples, vous y parviendrez et atteindrez ainsi vos objectifs d'épargne.

- **Étape 1 : Mettez vos objectifs par écrit.** Comme nous l'avons appris au chapitre 1, il est beaucoup plus facile de respecter un plan si celui-ci est écrit. Dans le cas de Christopher, il écrirait simplement : « Je désire épargner 1 000 $ pour un voyage de ski prévu dans un an. »

- **Étape 2 : Faites le calcul.** Dès que vous savez ce que vous voulez et à quel moment, vous pouvez faire le calcul. Par exemple, si Christopher a besoin d'épargner 1 000 $ en un an, il devrait mettre de côté 83 $ par mois pendant 12 mois (1 000 $ / 12 = 83 $ par mois).

- **Étape 3 : Ouvrir un compte d'épargne.** Si vous n'en avez pas déjà un, ouvrez un compte d'épargne qui offre un taux de rendement raisonnable (cela varie normalement entre 0,05 et 2,5 %). Assurez-vous auprès de votre représentant bancaire que le compte en est un pour « dépôt seulement », c'est-à-dire inaccessible pour tout retrait par carte-client. (Lorsque vous aurez atteint votre objectif d'épargne, vous pourrez modifier votre type de compte et avoir accès à votre argent.)

- **Étape 4 : Automatisez votre déduction d'épargne mensuelle.** Demandez à votre établissement bancaire de prélever automatiquement votre montant d'épargne de votre compte de chèques, le jour où vous êtes payé. Cela vous évitera d'effectuer vous-même le dépôt. Ainsi, vous ne risquerez pas d'oublier et ne serez pas tenté de dépenser l'argent réservé à l'épargne à d'autres fins. Plus important que tout, vous vous paierez en premier. Dans le dernier encadré, j'ai souligné l'importance d'une telle chose. La priorité financière absolue de votre vie, ce devrait être vous et non vos créanciers. Si vous n'accordez pas la priorité à l'épargne et à l'investissement, personne ne le fera à votre place.

Christopher est parvenu à épargner les 1 000 $ requis en 12 mois. Il a suivi les quatre étapes décrites ci-dessus et a mis son plan d'épargne en marche. Il a aussi vécu plutôt sobrement ! En effet, il a épargné environ 30 $ par semaine en évitant de s'acheter des mets préparés chaque midi (il se payait un repas à l'extérieur par semaine en guise de récompense). Il a consacré ces dollars épargnés à son voyage de ski et il lui restait de l'argent à dépenser. Parce qu'il a travaillé très fort pour épargner son argent, Christopher s'est follement amusé. Un plaisir bien mérité !

Optez pour les services bancaires automatisés!

Les services bancaires automatisés sont pratiques pour plusieurs raisons. Chaque fois que mon employeur me paie, il dépose l'argent directement dans mon compte de banque. Le même jour, les sommes que je réserve à l'épargne et à l'investissement sont virées électroniquement de mon compte chèque aux comptes appropriés. De même, mes factures sont automatiquement payées à la date d'échéance. De cette façon, mon argent reste dans mon compte jusqu'au jour où un paiement doit être effectué et, pendant ce temps, il accumule des intérêts. Ces virements électroniques exigent peu de mon temps puisque j'ai fait tous les arrangements au préalable. Je ne fais que vérifier l'état des choses une fois par semaine, ce qui n'exige qu'environ 10 minutes de mon temps.

Dans quel but épargnez-vous?

De façon réaliste, comment imaginez-vous votre situation dans deux ou trois ans? Vous voyez-vous propriétaire de telle ou telle voiture ou habitant un certain quartier? Encore aux études peut-être? Mettez par écrit certains éléments de votre vision, en vous limitant à un avenir assez rapproché. En particulier, écrivez certaines des choses pour lesquelles vous aimeriez épargner.

. . . .

. . . .

. . . .

. . . .

. . . .

Maintenant, à l'aide d'un crayon à mine, écrivez un prix à côté de chaque article. Vous serez peut-être contraint de fureter sur Internet ou de fouiller dans les journaux pour vous assurer que vos prix sont réalistes.

C'est fait ? O.K. Disons que le premier article sur votre liste est une automobile et admettons que vous avez exécuté l'exercice avec honnêteté. Puisque vous êtes conscient que la BMW la plus récente ne sera pas garée dans votre entrée de cour d'ici trois ans, vous vous concentrerez sur un véhicule moins récent, peut-être même ayant besoin de réparations, mais un véhicule ordinaire et pratique, capable de vous transporter d'un lieu à un autre. Disons que vous prévoyez dépenser 6 000 $ pour acheter ce nouveau véhicule d'occasion.

Mais il y a aussi le deuxième article sur votre liste. Disons qu'étant donné l'âge vénérable de votre ordinateur, vous savez qu'il vous en faudra un neuf pour effectuer vos travaux scolaires. Contrairement à une voiture, dont l'achat peut être reporté pour quelque temps, vous aimeriez vraiment un nouvel ordinateur d'ici deux ans et vous estimez qu'il vous coûtera 2 000 $.

Ainsi donc, puisque vous savez ce que vous voulez, faisons quelques calculs, afin de déterminer ce qu'il vous faudra faire pour vous le procurer. L'élément clé est de déterminer le montant que vous devrez épargner chaque mois. Pour y parvenir, vous devez utiliser une formule d'épargne mensuelle comme la suivante :

**Prix d'achat / nombre de mois jusqu'à
la date d'achat
=
épargne mensuelle**

Pour l'achat de l'ordinateur, voici la formule:

$$2\,000\,\$ / 24 \text{ mois} = 83{,}33\,\$ \text{ par mois}$$

et pour l'automobile:

$$6\,000\,\$ / 36 \text{ mois} = 166{,}67\,\$ \text{ par mois}$$

Pour acheter les deux articles, vous devrez épargner 250 $ par mois (83,33 $ + 166,67 $) au cours des 24 prochains mois. À la fin de cette période, vous pourriez acheter votre ordinateur et continuer à épargner 166,67 $ par mois pendant les 12 prochains mois, au terme desquels vous auriez assez d'argent pour acheter votre voiture.

Combien devrez-vous épargner chaque mois pour vous permettre certains des articles coûteux que vous désirez? Faites le calcul pour l'un ou l'autre des articles inscrits sur votre liste. Il vous suffit de diviser le prix d'achat d'un article par le nombre de mois que vous êtes prêt à attendre pour vous le procurer; le résultat déterminera le montant que vous devrez épargner chaque mois pour transformer votre objectif en réalité.

Article 1: _____

_____ (prix d'achat) / _____ (mois) = _____
                                                     (épargne par mois)

Article 2: _____

_____ (prix d'achat) / _____ (mois) = _____
                                                     (épargne par mois)

Article 3: _____

_____ (prix d'achat) / _____ (mois) = _____
                                                     (épargne par mois)

Comment vous en êtes-vous tiré? Parfois, nous découvrons que les articles désirés coûtent plus cher que nous l'avions cru ou qu'il faudra épargner beaucoup plus longtemps que prévu. Si vous estimez que le montant que vous devez épargner chaque mois est trop élevé pour ce que permet votre budget, essayez d'accroître la période d'épargne en augmentant le nombre de mois. D'un autre côté, vous avez peut-être constaté que le montant d'épargne mensuel requis est moindre que prévu! Si c'est le cas, vous êtes possiblement en mesure d'épargner davantage chaque mois et, par conséquent, de réduire le nombre de mois «d'attente».

Une des expériences les plus gratifiantes que vous puissiez vivre est de dépenser vos épargnes durement accumulées pour atteindre vos propres objectifs. Profitez-en et profitez de vos récompenses!

Des obstacles

Pedro, 20 ans, travaille à temps partiel depuis l'âge de 16 ans. Depuis quatre ans, il réserve 150 $ par mois pour l'épargne, ce qui fait en sorte qu'il pourrait verser 7 200 $ pour s'acheter un véhicule. Cependant, lorsqu'un parent vivant outre-mer est décédé, il a dû se rendre aux funérailles. Il n'a eu d'autre choix que de puiser dans son compte d'épargne pour payer son billet d'avion, son nouveau complet, sa chambre d'hôtel, des fleurs et ses repas. Coût total? Environ 3 000 $. En fait, Pedro a renoncé à s'acheter une voiture avant au moins deux autres années.

La vie est parfois parsemée d'inattendus qui peuvent nuire à notre capacité d'épargner et à notre motivation pour le faire. Cependant, lorsqu'il s'agit de votre santé financière, vous devez encaisser les coups et poursuivre. Si vous ne le faites pas, vous n'atteindrez pas vos buts. Voici un certain nombre de choses que vous pouvez faire lorsque quelque chose d'inattendu se produit:

- **Sachez reconnaître le moment où vos plans dérapent.** La seule façon de maintenir le cap est de gérer son argent de façon organisée. Utilisez des outils comme les services bancaires en ligne pour déterminer où va votre argent et pourquoi. Cela pourrait vous permettre de découvrir une mauvaise tendance avant que toutes vos épargnes s'envolent.

- **N'abandonnez jamais.** Même si vous êtes découragé, n'abandonnez pas vos rêves financiers, sinon il est évident que vous ne les réaliserez jamais.

- **Retrouvez vos habitudes financières saines.** Si vous avez été contraint de vous écarter de votre plan d'épargne, reprenez-en l'exécution aussitôt que possible. Ne laissez pas un incident de parcours ruiner entièrement votre plan.

- **Faites preuve d'initiative au lieu de vous contenter de réagir.** Essayez de prévoir autant que possible les événements qui risquent d'avoir une influence sur vos finances et planifiez en conséquence. Par exemple, si vous savez que vous devez payer des frais de scolarité dans un an, préparez-vous pour cette dépense.

Le fonds d'urgence

Vous commencez à être organisé en ce qui concerne vos finances? Je vous recommande, dès le départ, de mettre en place un petit fonds d'urgence, en vous assurant de ne l'utiliser qu'à cette fin. Assurez-vous d'avoir assez d'argent pour survivre à des situations difficiles comme une perte d'emploi, des factures du vétérinaire, des réparations à votre auto et ainsi de suite. Combien devriez-vous mettre de côté dans ce fonds chaque mois? Vous seul pouvez le déterminer. Pour ma part, j'y réserve environ 5 % de ma paie nette et je dépose le montant dans mon compte d'épargne. J'estime que cette façon de faire fonctionne bien pour moi. Vous devez évaluer votre propre situation et, le cas échéant, déterminer de combien d'argent vous auriez besoin si une situation d'urgence se produisait.

La mise en place d'un fonds d'urgence devrait se faire conjointement à celle de deux autres fonds: d'épargne et d'investissement. Un des éléments clés d'une stratégie financière réussie est l'équilibre entre les différentes composantes: les dépenses, l'épargne, l'investissement, le fonds d'urgence et la réduction des dettes.

Chapitre 6

Investir – Première partie :
les éléments de base

Vous êtes motivé, vous vous êtes fixé des objectifs et vous avez acquis des connaissances de base en finances. Vous savez comment établir et gérer un budget, et vous avez déterminé sous quels postes budgétaires il vous paraît possible d'économiser quelques dollars. Le temps est maintenant venu de nous arrêter aux aspects pratiques de l'investissement. Dans le présent chapitre, nous en étudierons quelques éléments essentiels : pourquoi investir, quel genre d'investisseur êtes-vous et que signifient tous ces mots et expressions « bizarres » ? Au chapitre 7, nous étudierons spécifiquement les différentes options et stratégies d'investissement. Tenez bon, parce que cette information est d'une grande valeur ; c'est ce qu'il vous faut pour devenir millionnaire.

Pourquoi est-ce que je devrais investir ?

Qu'est-ce que le mot « investissement » éveille en vous ? La réponse la plus souvent entendue lie invariablement le mot à l'argent. Pour bon nombre d'entre nous, investir, c'est placer de l'argent soit dans le marché, soit pour acheter une maison, des actions ou des obligations. Mais si nous élargissons notre perspective quelque peu, nous réalisons que le terme peut être utilisé pour décrire plusieurs autres choses. Vous pouvez investir dans votre éducation par exemple, ou encore investir votre temps. Foncièrement, le mot « investir » signifie « bâtir ses ressources », quelles qu'elles soient.

Vous êtes un investisseur! En effet, en lisant le présent livre, vous investissez dans votre éducation, de même que vous investissez votre temps et votre énergie, et, comme pour tout bon investissement, vos efforts auront pour fruits une connaissance accrue du domaine des finances et une meilleure santé financière.

Comme investir n'a pas le même sens pour tout le monde, les gens choisissent de le faire pour leurs propres motifs. Je désire certes investir mon argent en vue de l'avenir, mais aussi pour le présent. Lorsque je le fais, je vise cinq objectifs principaux:

1) **La sécurité** : Je veux investir mon argent de façon à ne pas tout perdre.

2) **Les revenus** : Je veux utiliser l'argent investi comme revenu futur.

3) **La croissance** : Je veux que mon argent fructifie grâce à la puissance de l'intérêt composé.

4) **La liquidité** : Je veux investir mon argent dans des choses faciles à acheter et à vendre.

5) **La minimisation des impôts** : Je veux que mes investissements m'aident à réduire au maximum l'impôt que je dois payer.

Si vous vous demandez de quoi je parle, ne vous en faites pas. Vous êtes sur le point d'apprendre que de bons investissements peuvent répondre à tous ces objectifs. Pour le moment, ne réfléchissez qu'à vos objectifs d'investissement. Que désirez-vous accomplir ?

Vous êtes toujours confus ? Relire le chapitre 1 pourrait vous être utile. Vous y avez écrit dans un tableau certains de vos objectifs personnels et financiers. Quels étaient vos objectifs à long terme ? Dans quelle situation désirez-vous vous retrouver dans 10, 20 ou 50 ans ? Désirez-vous prendre votre retraite à 45 ans et parcourir le monde à bord de votre yacht ? Être propriétaire d'un chalet familial sur le bord de l'eau ? Lorsque vous réfléchissez à votre avenir – de façon plus précise, à tout ce qui excède les trois prochaines années, vous devez vous concentrer sur le long terme au lieu du court terme, du moins du point de vue financier, et pour connaître le succès financier à long terme vous devez **investir** votre argent.

Au fil de ce long parcours, c'est l'investissement et non l'épargne qui fait fructifier l'argent beaucoup plus rapidement. Il permet à votre argent de rapporter davantage, du moins potentiellement. Sur ce point, l'histoire me donne raison. Au cours des deux cents dernières années, le rendement des investissements dans les actions, les obligations et les fonds communs de placement a constamment dépassé celui des comptes d'épargne à intérêt bas. Jetez un coup d'œil au tableau de la page suivante :

Le pouvoir de l'épargne et de l'investissement

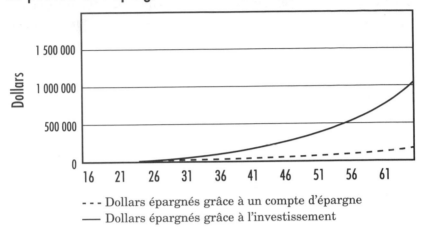

- - - Dollars épargnés grâce à un compte d'épargne
—— Dollars épargnés grâce à l'investissement

Épargner votre argent vaut toujours mieux que le dépenser, mais l'investir à long terme demeure la meilleure idée.

Le pouvoir de l'intérêt

Comment tout cela fonctionne-t-il? À long terme, investir rapporte plus d'argent qu'épargner grâce aux intérêts composés. Nous avons abordé ce point brièvement au chapitre 1, lorsqu'il a été question de l'importance du temps. L'intérêt composé, c'est faire fructifier son argent gratuitement. Vous obtenez de l'intérêt sur votre investissement initial, montant qui est réinvesti et qui lui aussi accumule des intérêts. Des intérêts sur vos intérêts! N'est-ce pas formidable?

Le tableau ci-contre illustre le pouvoir de l'intérêt composé. Si vous commencez à investir dès l'âge de 16 ans, vous serez millionnaire à 65 ans, et il suffit de 35 $ par mois au départ. Un compte d'épargne, d'autre part, ne vous permettra d'engranger qu'environ 100 000 $, soit un dixième du million. (Le tableau suppose un taux de rendement moyen de 8,5 % et un taux d'intérêt applicable à l'épargne de 1 %. Il suppose aussi que vous réinvestissiez la somme totale épargnée à la fin de l'année, au lieu d'y aller par mensualités. Cela facilite les calculs.)

En réalisant ce tableau, j'ai tenu compte de certaines hypothèses de base. Premièrement, j'ai supposé que l'investisseur augmenterait le montant mensuel investi à certaines étapes de sa vie. Par exemple, il est raisonnable de s'attendre à ce que la plupart des jeunes de 23 ans aient un potentiel de revenu un peu plus élevé. Ils ont terminé leurs études post-secondaires, ils ont déjà amorcé leur carrière ou ils travaillent à un emploi plus rémunérateur que le précédent. Peu en importe la raison, à cet âge, la plupart des jeunes gens peuvent se permettre d'augmenter leur contribution mensuelle.

ÂGE	$ ÉPARGNÉS PAR MOIS	$ ÉPARGNÉS PAR ANNÉE	TOTAL $ ÉPARGNÉS	$ ÉPARGNÉS ÉPARGNE (1%)	$ ÉPARGNÉS INVESTISSEMENT (8,5%)
16	35	420	420	424,20	455,70
17	35	420	840	852,64	950,13
18	35	420	1260	1285,37	1486,60
19	35	420	1680	1722,42	2068,66
20	35	420	2100	2163,85	2700,19
21	35	420	2520	2609,68	3385,41
22	35	420	2940	3059,98	4128,87
23	150	1800	4740	4908,58	6432,82
24	150	1800	6540	6775,67	8932,61
25	150	1800	8340	8661,42	11644,88
26	150	1800	10140	10566,04	14587,70
27	150	1800	11940	12489,70	17780,65
28	150	1800	13740	14432,60	21245,01
29	150	1800	15540	16394,92	25003,84
30	250	3000	18540	19588,87	30384,16
31	250	3000	21540	22,814,76	36221,81
32	250	3000	24540	26072,91	42555,67
33	250	3000	27540	29363,64	49427,90
34	250	3000	30540	32687,27	56884,27

ÂGE	$ ÉPARGNÉS PAR MOIS	$ ÉPARGNÉS PAR ANNÉE	TOTAL $ ÉPARGNÉS	$ ÉPARGNÉS ÉPARGNE (1%)	$ ÉPARGNÉS INVESTISSEMENT (8,5%)
35	250	3 000	33 540	36 044,15	64 974,44
36	250	3 000	36 540	39 434,59	73 752,26
37	250	3 000	39 540	42 858,93	83 276,21
38	250	3 000	42 540	46 317,52	93 609,68
39	250	3 000	45 540	49 810,70	104 821,51
40	350	4 200	49 740	54 550,80	118 288,33
41	350	4 200	53 940	59 338,31	132 899,84
42	350	4 200	58 140	64 173,70	148 753,33
43	350	4 200	62 340	69 057,43	165 954,36
44	350	4 200	66 540	73 990,01	184 617,48
45	350	4 200	70 740	78 971,91	204 866,97
46				79 761,63	222 280,66
47				80 559,24	241 174,52
48				81 364,83	261 674,35
49				82 178,48	283 916,67
50				83 000,27	308 049,59
51				83 830,27	334 233,80
52				84 668,57	362 643,68
53				85 515,26	393 468,39
54				86 370,41	426 913,20
55				87 234,12	463 200,82
56				88 106,46	502 572,89
57				88 987,52	545 291,59
58				89 877,40	591 641,37
59				90 776,17	641 930,89
60				91 683,93	696 495,02
61				92 600,77	755 697,09
62				93 526,78	819 931,35
63				94 462,05	889 625,51
64				95 406,67	965 243,68
65				96 360,73	1 047 289,39

Des hausses additionnelles, pour des raisons similaires, se produisent à 30 ans et à 40 ans. En théorie, à 45 ans, vous pourriez cesser d'investir votre argent et le faire fructifier jusqu'à votre retraite. Si vous choisissez cette voie, vous vous retrouverez avec approximativement un million de dollars au moment de votre retraite.

Ce ne sont là que des hypothèses qui ne tiennent pas compte des situations particulières qui pourraient se présenter dans votre vie. Peut-être étudierez-vous jusqu'à 28 ans ou gagnerez-vous beaucoup d'argent en travaillant à l'étranger à 20 ans. Quelles que soient les circonstances, la clé est d'épargner et d'investir son argent avec régularité, afin de profiter des intérêts composés dès sa jeunesse.

Persévérez!

Sandra est âgée de 35 ans. Il y a cinq ans, elle s'est temporairement retrouvée sans emploi et a cessé d'investir. Elle n'avait pas de revenu additionnel et, en outre, son argent ne fructifiait pas aussi vite qu'elle l'avait espéré de toute façon. Elle a alors retiré ses investissements et s'est acheté une maison en copropriété et une voiture. Aujourd'hui, elle s'en mord les pouces parce qu'elle n'a plus un sou d'investi pour sa retraite. Sa meilleure amie, qui n'a pas retiré l'argent de ses investissements, voit son argent fructifier. Pendant ce temps, Sandra se fait du souci pour son avenir.

En étudiant le tableau précédent, une chose saute aux yeux. Contrairement à l'épargne (qui peut se faire pendant des périodes de quelques mois ou de quelques années), l'investissement est un exercice à long terme qui exige de la patience et un engagement à respecter le plan établi. Au départ, ce qui semble être une absence de progrès pourrait vous décourager (les effets de l'intérêt composé mettent du temps à se manifester!). Si vous faites comme a fait Sandra, vous n'atteindrez jamais vos objectifs financiers. Par contre, si vous persévérez, vous verrez des résultats avec le temps et la motivation ne vous posera plus de problème!

Avez-vous des raisons de penser que l'investissement à long terme serait difficile pour vous? Êtes-vous un acheteur impulsif? Les fonds vous manquent-ils pour investir? Réfléchissez à cela un instant, puis arrêtez-vous aux petits conseils suivants, conçus pour vous aider à maintenir le cap:

- **Commencez le plus tôt possible.** Plus vous commencerez tôt dans votre vie, plus vous aurez de temps pour faire fructifier votre argent, grâce aux intérêts composés, et plus vite vous verrez des résultats. De plus, investir chaque mois se transformera en habitude, de plus en plus facile à garder avec le temps.

- **Déterminez un montant d'argent raisonnable à consacrer à l'investissement.** Maintenez un équilibre entre l'argent que vous épargnez et celui que vous investissez. Inutile de vous fixer des objectifs trop élevés puisque, si vous échouez, vous vous découragerez et peut-être abandonnerez-vous la partie. Lorsque vous créez votre budget, réfléchissez bien à ce que vous pouvez mettre de côté et ne vous en faites pas si le montant vous semble peu élevé. Dix dollars par mois, c'est mieux que rien!

- **Automatisez votre contribution mensuelle.** Demandez à votre établissement financier de prélever votre contribution mensuelle pour l'investissement directement de votre compte de banque, le jour même où l'on vous paie. De cette façon, vous ne risquerez pas de tout dépenser avant d'investir. Avec le temps, vous vous habituerez à ne pas avoir cet argent. Il ne vous manquera même pas!

- **Souvenez-vous que vous vous en tirez bien.** Bien que vous ne vouliez pas laisser les détails financiers de votre vie vous obséder, il est bon de vérifier l'état de vos comptes une fois par mois pour vous rappeler que vous faites des progrès. Fixez un tableau à votre mur ou utilisez une feuille de calcul électronique. Visualiser votre succès vous aidera à maintenir le cap.

Puisque vous comprenez maintenant pourquoi vous devriez investir, vous pouvez commencer à penser aux genres d'investissement susceptibles de fonctionner pour vous. Au chapitre 7, nous étudierons attentivement les options qui s'offrent à vous. Toutefois, avant d'investir votre argent dans les actions les plus recherchées ou dans le fonds commun le plus branché, vous devez en connaître un peu plus sur certaines choses, en commençant par vous-même !

Investisseur, connais-toi toi-même !

Donneriez-vous de la nourriture pour chiens à votre poisson ? J'en doute. Si vous le faisiez, votre poisson (dépourvu des nutriments essentiels à sa survie) flotterait sans doute à la surface de l'eau de l'aquarium avant la fin de la semaine. De même, si vous donniez de la nourriture pour poissons à votre chien, il ne serait pas très content.

Les besoins et les désirs d'une jeune personne lui sont particuliers. Comme le poisson et le chien, chacun de nous requiert des choses différentes pour satisfaire ses besoins variés. Si ces besoins ne sont pas satisfaits, nous ne nous porterons pas bien. En matière d'investissement, il en va de même de nos besoins.

Contrairement à l'épargne, qui fonctionne passablement de la même façon pour tous, investir peut s'avérer une affaire très personnelle. Avant de vous lancer dans l'investissement, ce serait une bonne idée de vous préparer un plan et, avant de vous y mettre, vous devez être au clair quant à vos objectifs et à votre profil d'investisseur.

Profils d'investisseurs

L'investisseur heureux est celui dont les objectifs d'investissement et les choix correspondent adéquatement. Il s'agit de quelqu'un qui sait quels genres d'investissements répondront le mieux à ses besoins et correspondront le plus à sa personnalité. Découvrir son profil d'investisseur n'est pas difficile. Si vous vous rendez dans une banque dans le but d'y ouvrir un compte de placement, un conseiller vous remettra sans doute un long questionnaire à remplir ou vous posera une centaine de questions, les deux méthodes étant conçues pour déterminer quels genres d'investissements répondraient le mieux à vos besoins. Vous trouverez ci-dessous quelques-unes des questions normalement posées. Si vous y répondez avec honnêteté, vous aurez une bonne idée de votre profil d'investisseur.

Quels sont vos objectifs personnels ? Eh bien, quelle chance !

Vous avez déjà répondu à cette question, n'est-ce pas ? Retournez au chapitre 1, à la section qui traite du sujet de se fixer des objectifs. Les objectifs que vous avez écrits dans votre tableau répondent très bien à cette première question.

S'agit-il d'investissement à court, à moyen ou à long terme ?

Cette question est très importante. Certains objectifs peuvent nécessiter des stratégies d'investissement différentes. Prenons par exemple Rachel, jeune étudiante du secondaire, qui tente désespérément d'épargner pour ses études post-secondaires. Supposons qu'elle ne peut obtenir de prêts étudiants. Parce que Rachel aura besoin de cet argent d'ici quelques années sans rien en perdre, elle doit choisir un type d'investissement sûr qui ne perdra pas de valeur à court terme.

Par contre, dans le cas d'un investissement à plus long terme, la personne qui investit aurait plus de temps pour récupérer ses pertes et réaliser des gains. Cette personne adopterait une stratégie différente de celle de Rachel.

D'où proviendra votre argent ? L'argent d'un revenu régulier

est différent d'une somme qu'une personne reçoit en une occasion unique (héritage, montant forfaitaire, etc.), ce qui affecte le type d'investissement choisi. Kyle, par exemple, travaille à la commission et est payé tous les trois mois. Si votre situation est similaire, vos liquidités différeront de celles de cette autre personne qui travaille à un emploi régulier, et qui est rémunérée au tarif horaire. De plus, outre le fait qu'ils peuvent être irréguliers, les revenus de commission varient souvent. Parce que les liquidités de Kyle sont instables, il est important pour lui de concevoir un plan d'investissement qui tienne compte de sa réalité financière.

Avez-vous des inquiétudes quant à l'impôt ou à certaines questions légales ? De nombreux investisseurs désirent profiter

de clauses fiscales qui leur permettront de payer moins d'impôts. Si c'est là une des raisons pour lesquelles vous désirez investir, le marché offre certains types d'investissements qui pourraient vous convenir.

Quel rôle désirez-vous jouer dans la gestion de votre argent ?

Informer votre conseiller financier quant à votre degré de participation en ce qui concerne la gestion de votre argent vous assurera qu'il comprend certains de vos besoins. Votre participation influencera les choix que vous ferez et la charge de travail qui incombera à votre conseiller.

Quelle est votre tolérance à l'égard du risque ? C'est là un su-

jet sérieux, la question la plus importante de toutes lorsque sera venu le temps de déterminer quel est votre profil d'investisseur. La tolérance à l'égard du risque est une pièce essentielle du casse-tête qu'est l'investissement. Pour investir sans devenir fou, cette tolérance doit respecter ses besoins. Si vous n'aimez pas les investissements dont la valeur fluctue au jour le jour, peut-être voudrez-vous éviter les marchés boursiers. Par contre, si vous avez les nerfs assez solides pour faire face aux hauts et aux bas du marché, vous voudrez peut-être profiter des investissements à risque plus élevé, souvent plus payants à long terme. Le questionnaire suivant pourrait s'avérer amusant pour déterminer à quelle catégorie d'investisseur vous appartenez:

1) Lorsque votre professeur de mathématiques s'approche de vous en arborant un air sévère qui suggère que vous êtes dans de beaux draps, vous:

a) l'écoutez vous accuser faussement d'une faute que vous n'avez pas commise. Puisque vous détestez toute confrontation, vous n'essayez pas de donner votre version des faits.

b) lui dites: «Je ne suis pas certain de comprendre le problème. Pouvez-vous m'expliquer ce qui s'est produit?» Ensuite, vous écoutez attentivement ce qu'il a à vous dire.

c) niez, niez et niez encore.

2) Quelques jeunes voisins ont reçu une nouvelle voiture comme cadeau d'anniversaire. Ils désirent courir contre la nouvelle voiture sport de votre père, véhicule qu'il vous est normalement interdit d'approcher. Vous:

a) prenez les clés de l'étincelant roadster rouge et engagez l'Indy 500 du quartier en trombe.

b) vous éloignez de ces petits tyrans sans même daigner leur répondre.

c) leur dites que le roadster de votre père vaut plus que toutes leurs voitures réunies et que vous préférez vous abstenir plutôt que de subir la colère de votre père lorsqu'il vous surprendra avec «ses» clés.

3) Vous vous trouvez dans un magasin où travaille un(e) attrayant(e) vendeur (ou vendeuse). Il (ou elle) s'approche de vous et vous demande si vous avez besoin d'aide. Vous :

a) lui dites que vous désirez acheter un pantalon... et que vous aimez beaucoup ce qu'il (elle) porte. Qui sait, si vous trouviez des vêtements aussi à la mode que les siens, il (elle) vous demanderait peut-être votre numéro de téléphone !

b) devenez rouge écarlate et dites : «Merci. Je peux trouver les vêtements que je cherche tout seul.»

c) dites : «Bien sûr, vous pouvez m'aider» et demandez le numéro de téléphone de la personne avant de quitter le magasin.

4) Si on vous donnait 1 000 $ pour un travail bien fait à la foire scientifique locale, qu'en feriez-vous ? Vous :

a) dépenseriez 400 $ pour acheter de nouveaux vêtements, déposeriez 500 $ dans votre compte d'investissement et feriez don de 100 $ au comité organisateur de la foire.

b) paieriez une journée de planche à neige à vos plus proches amis, sans oublier les nachos. Le coût ? Mille dollars.

c) cacheriez la somme sous votre matelas ou la mettriez dans votre tirelire.

5) À 21 ans, vous achetez une nouvelle maison en copropriété en utilisant votre argent si chèrement gagné. Votre hypothèque est raisonnable (800 $ par mois), vous avez un bon taux d'intérêt hypothécaire et votre colocataire paie 400 $

par mois de loyer. S'il vous restait 300 $ chaque mois, après avoir réglé toutes vos dépenses dont celles pour les loisirs et les nécessités de la vie, vous :

a) accumuleriez la somme et, avec un ami, achèteriez une autre maison en copropriété que vous pourriez louer.

b) rembourseriez votre prêt hypothécaire le plus vite possible (vous n'aimez pas les dettes).

c) utiliseriez la moitié de la somme pour réparer votre maison (afin d'en accroître la valeur) et investiriez le reste dans votre fonds commun de placement.

Maintenant, calculez votre résultat en tenant compte des règles suivantes :

1. a) 1 point	b) 2 points	c) 3 points
2. a) 3 points	b) 1 point	c) 2 points
3. a) 2 points	b) 1 point	c) 3 points
4. a) 2 points	b) 3 points	c) 1 point
5. a) 3 points	b) 1 point	c) 2 points

Si votre résultat est de 5 ou 6 points, vous êtes un **investisseur qui ne prend aucun risque.** Toute situation qui vous pousserait hors de votre zone de confort dérangerait votre estomac. Vous êtes sans doute le genre de personne qui prend peu de risques. Par exemple, vous ne feriez probablement pas de deltaplane ni ne prendriez l'initiative de donner une présentation publique sur la santé. Par conséquent, investir de l'argent dans des véhicules à haut risque qui n'offrent aucune garantie ne fera pas partie de votre programme. Parce que vous êtes de cette catégorie d'investisseur, vous ferez preuve d'une grande prudence le moment venu de choisir vos véhicules d'investissement *sûrs*. C'est là votre avantage. Lorsque les marchés essuieront des pertes, vous ne perdrez que peu d'argent. Cependant, à long terme, vous ferez moins d'argent que d'autres investisseurs craignant moins le risque.

Si votre résultat se situe entre 7 et 11 points, vous êtes un **investisseur modéré.** Les décisions que vous prenez ne sont pas carrément audacieuses et extrêmes. Au contraire, vous les avez normalement soigneusement planifiées et analysées. Vous pourriez faire des choix d'investissement susceptibles de vous pousser hors de votre zone de confort, mais seulement s'ils ne mettent pas en péril l'atteinte de vos objectifs à long terme. Les investissements à risque moyen vous conviennent très bien, parce qu'ils offrent, d'une part, un taux de rendement plus élevé que les investissements à faible risque et, d'autre part, un risque de perte à peine plus grand. Toutefois, vous êtes de ceux qui digèrent assez bien une «perte». Cela vous déplairait, mais vous rassembleriez les morceaux du pot cassé et en fabriqueriez quelque chose de nouveau.

Saisir la logique de tout cela

Prenez un journal, tournez-en les pages et allez à la section «Affaires». Au premier abord, tout semble terriblement ennuyeux, mais ce ne l'est pas vraiment. La première colonne indique le nom du titre, la seconde, le volume de transactions du jour, les troisième et quatrième, le prix le plus élevé et le prix le plus bas de l'action au cours de la journée d'activité boursière et, pour terminer, la valeur à la fermeture des marchés et l'écart avec la journée précédente. Vous désirez comprendre tout cela? Concentrez-vous sur le titre d'une action et suivez-en le cours pendant deux semaines. Vous comprendrez beaucoup plus vite que vous ne l'auriez cru!

Si votre résultat se situe entre 12 et 15 points, vous êtes un **investisseur qui craint peu le risque** et le choix d'investissements à risque élevé convient à votre personnalité. Il vous est possible de faire beaucoup d'argent lorsque la conjoncture est favorable et d'en perdre autant lorsqu'elle ne l'est pas... si vous manquez de vous protéger. Si vous avez choisi d'emprunter l'avenue «investissement à risque élevé», faites tout de même preuve d'un peu de prudence, en ajoutant des choix plus sûrs à votre liste. Rappelez-vous qu'il existe des choix que même les professionnels éviteront à tout prix!

Investissement 101 : Passer de la parole aux actes

Vous y êtes presque, vous êtes presque prêt à vous lancer. Il ne vous reste que quelques petites choses à apprendre. En lisant le présent chapitre et le prochain, vous remarquerez des mots et des expressions qui vous étaient jusqu'ici inconnus (vous en avez peut-être déjà remarqués que vous ne comprenez que partiellement). Avant de parler d'obligations, de certificats de placement garanti, de régimes enregistrés d'épargne-études et d'autres trucs similaires (que nous définirons au chapitre suivant), arrêtons-nous à quelques mots et expressions tirés du jargon de l'investissement.

- **Un choix ou véhicule d'investissement.** Tout véhicule de placement dans lequel vous pouvez investir votre argent (fonds commun de placement, action, obligation, bon du Trésor, pour n'en nommer que quelques-uns).

- **Un portefeuille d'investissement.** Votre ensemble personnel de choix d'investissements. Un portefeuille est adapté précisément à vos besoins et à votre style d'investissement. Il peut être à risque élevé, moyen ou faible.

- **Le marché.** Un endroit où acheteurs et vendeurs se rencontrent pour échanger des choses de valeur. On y achète et vend des investissements. Les journaux listent les cours du marché pour ces actions ; il s'agit de ces pages remplies de chiffres en caractères minuscules. En Amérique du Nord, il y a deux marchés boursiers principaux : le New York Stock Exchange (la Bourse de New York) et le Toronto Stock Exchange (la Bourse de Toronto). Il y a aussi les marchés monétaires, les fonds communs de placement, les obligations et plus encore.

- **Les cycles du marché.** Les marchés financiers ont tendance à suivre des cycles. Parfois ils offrent un très bon rendement et, en d'autres occasions, une piètre performance. Cela tend à se produire par vagues. Lorsque les marchés font piètre figure, c'est signe que l'économie tourne au ralenti... et le contraire est aussi vrai. Les cinq principaux cycles du marché sont :

  - **L'expansion :** Une tendance à la hausse. De nouvelles entreprises voient le jour, de nouveaux emplois sont créés et les gens investissent davantage dans les marchés. L'économie croît et l'inflation est stable. C'est le bon moment d'acheter parce que les valeurs seront à la hausse pendant toute la durée du cycle.

  - **La période de pointe :** Le manque de travailleurs commence à se manifester, les salaires augmentent de façon importante, la demande pour les produits est grande et les taux d'intérêt sont très élevés. Parce que les prix ont augmenté de façon notable, les marchés commencent à réagir négativement. Les investissements comme les actions et les obligations ont tendance à coûter très cher. Le moment n'est pas propice à l'achat d'investissements, d'une maison, d'un véhicule ou d'autres articles coûteux. Leur prix est alors gonflé et ils peuvent perdre de la valeur au cours du cycle suivant.

- **La récession ou la contraction :** L'activité économique commence à ralentir. Le taux de sans-emploi commence à pointer vers le haut et il est plus difficile d'emprunter de l'argent. Généralement, il s'agit d'une période difficile pour quiconque désire investir ou épargner quelque somme que ce soit.

- **Le creux :** Le point le plus bas de l'activité économique. Tant les prix que les taux d'intérêt ont chuté de façon substantielle. Les consommateurs ont tendance à être à court de liquidités, mais, à cause des taux d'intérêt plus bas, ils sont capables d'emprunter de l'argent et d'acheter une maison ou de faire des investissements à prix plus bas. D'ailleurs, c'est le moment le plus propice pour investir parce que les actions peuvent être extrêmement sous-évaluées.

- **La reprise :** Un cycle expansionniste pendant lequel le marché amorce sa remontée vers le plateau précédemment atteint. C'est la période pendant laquelle on achète les articles coûteux (maison, automobile et autres) et, parce que la demande est à la hausse, les prix le sont aussi. C'est un bon moment pour investir parce que le prix des investissements demeure relativement bas.

Les marchés changent d'année en année. Dans l'ensemble, cependant, les marchés des actions et des fonds communs de placement nord-américains ont survécu aux hauts et aux bas, et procuré un rendement moyen annuel oscillant entre 11 % et 13 %. Pas mal. Dans le jargon des affaires, les fluctuations du marché (surtout celles de la Bourse) sont connues sous deux expressions : marché à la hausse et marché à la baisse. Dans le premier cas, les prix moyens des actions, des obligations et des fonds communs tendent vers le haut, alors que dans le second cas, ils tendent vers le bas.

Maintenant que vous connaissez les éléments de base du monde de l'investissement, le moment est venu de rassembler les pièces du casse-tête. Au prochain chapitre, nous aborderons la question de bâtir votre propre portefeuille d'investissement. C'est la partie la plus enthousiasmante !

Chapitre 7

Investir – Deuxième partie :
choix et stratégies

Au chapitre précédent, vous en avez appris davantage sur l'investissement, pourquoi vous devriez investir et quel type d'investisseur vous êtes. Cette connaissance constitue un outil puissant qui vous aidera à devenir un investisseur prospère. Dans le présent chapitre, nous aborderons certains des choix et des stratégies d'investissement qui s'offrent à vous. C'est la partie la plus amusante !

Les choix d'investissement

Il y a quelques années, alors que je donnais un cours sur l'argent à des étudiants de secondaire 2, j'ai utilisé l'expression **véhicule d'investissement** nombre de fois. Vers la fin du cours, ce jour-là, j'ai demandé aux étudiants de faire un dessin de ce qu'ils avaient appris ou d'écrire un court paragraphe sur ce qu'ils avaient appris. Le soir même, en regardant leur travail, je me suis retrouvée avec un certain nombre de dessins de voitures (sur une route, dans le stationnement d'une maison ou au sommet d'une montagne). De toute évidence, le message n'avait pas bien passé.

Un véhicule d'investissement, c'est tout genre d'investissement susceptible de permettre la croissance de votre argent. Votre portefeuille d'investissement est constitué d'un certain nombre de véhicules différents, alors que certains véhicules peuvent en contenir d'autres (un peu comme un navire-garage ou porte-voitures). Nous en verrons les détails un peu plus loin. Pour l'instant, étudions les différents véhicules ou choix d'investissement qui s'offrent à vous. Les connaître et savoir comment ils fonctionnent vous aidera à choisir ceux qui vous conviennent le mieux.

Les choix d'investissement

TYPE D'INVESTISSEMENT	DESCRIPTION
Le compte d'épargne	Un compte d'épargne est un compte de banque régulier où vous pouvez conserver votre argent. De façon générale, ce type de compte produit peu d'intérêts et est facile d'accès, ce qui constitue un inconvénient pour l'épargne à long terme.
Les actions	Une action est un certificat de propriété dans une compagnie. Si cette dernière fait bien, la valeur de votre action augmente et, dans le cas contraire, la valeur chutera probablement.
Les obligations	Une obligation est un certificat qui indique qu'une compagnie, qu'une association ou que le gouvernement vous a emprunté de l'argent. En retour de la disponibilité de vos fonds, l'émetteur d'obligations vous paiera un montant d'intérêts fixe après une période

de temps fixe. Le taux de rendement des obligations fluctue au rythme des taux d'intérêt.

Les bons du Trésor	Un bon du Trésor est émis lorsqu'un gouvernement vous emprunte de l'argent en promettant de vous le rembourser, habituellement au cours des 12 prochains mois. Les sommes prêtées ne rapportent aucun intérêt. Le bon vous est vendu au rabais et racheté à sa pleine valeur.
Les certificats de placement garanti	Un certificat de placement garanti est semblable au compte d'épargne en ce qu'il constitue un véhicule d'investissement très sûr (on garantit de vous payer la totalité de la somme investie). Cependant, contrairement au compte d'épargne, le taux de rendement est raisonnable. On place votre argent pour une période variant entre 30 jours et 10 ans, alors que les intérêts sont payés ou réinvestis sous forme d'intérêts composés.
Les fonds communs de placement	Un fonds commun de placement est un véhicule d'investissement géré par des professionnels qui prennent l'argent de plusieurs personnes et l'investissent en accord avec un objectif commun. Un fonds commun est constitué d'un groupe d'actions. Vous en achetez des unités, ce qui vous accorde la propriété d'une petite quantité de bon nombre d'actions variées. Bien qu'ils ne soient accompagnés d'aucune garantie que vous ferez de l'argent, les fonds communs constituent pour vous une très bonne occasion de diversifier votre portefeuille d'investissement.

Les fonds indiciels	Un fonds indiciel est un groupe d'actions qui représente un segment précis du marché, comme par exemple l'indice S&P 500. L'argent investi dans un tel fonds n'est accompagné d'aucune garantie, bien que l'occasion de diversifier soit élevée.

Le compte d'épargne

Un compte d'épargne peut constituer un bon endroit pour garder votre argent, mais uniquement *à court terme.* Ce genre de compte est considéré comme une opportunité d'investissement «liquide», parce que l'accès à votre argent est facile. Ce genre de compte ne pose pas de problème, si vous y déposez de l'argent pour l'épicerie ou le loyer, mais il ne constitue pas une très bonne chose si votre objectif est de vous éviter de dépenser. Sur une note positive, on doit aussi mentionner que, puisque vous prêtez votre argent à la banque (après tout, elle l'investit et ne le laisse pas dans le coffre-fort!), elle vous paie un montant d'intérêts très peu élevé.

Peut-être que ce que le compte d'épargne offre de plus positif, c'est qu'il constitue un endroit sûr pour garder votre argent. Au Canada, la Société d'assurance-dépôts du Canada (SADC) garantit le remboursement du contenu d'un compte d'épargne en cas de perte ou de dommage, jusqu'à concurrence de 60 000 $. Ainsi donc, contrairement à certains des autres véhicules que nous étudierons, votre argent n'est jamais vraiment à risque dans un compte d'épargne.

Les actions

Lorsque vous achetez des actions, en réalité, vous achetez une partie d'une compagnie. Vous en devenez un des actionnaires, et vous achetez en espérant que la valeur de la compagnie augmentera, ce qui aura le même effet sur vos actions.

Il existe plusieurs façons de faire de l'argent à la Bourse. Vous pouvez vendre vos parts à un prix plus élevé que ce qu'elles vous ont coûté, encaisser un dividende (montant payé aux actionnaires) payé par la société ou acheter plus d'actions lorsque la compagnie décide d'en émettre un nouveau lot.

Le prix des actions d'une compagnie varie énormément, soit aussi bas que 50 cents (ou moins) et aussi élevé que 120 $ (ou plus) l'action. Parce que vous devez acheter des actions par l'intermédiaire d'un établissement financier ou d'une firme de courtage quelconque, vous devrez payer des frais pour chaque transaction. De plus, contrairement au compte d'épargne, l'argent que vous investissez à l'achat d'actions n'est jamais assorti d'une garantie, et vous n'êtes jamais assuré d'en retirer des dividendes.

Avant d'acheter des actions, effectuez vos recherches. De nombreuses personnes perdent de l'argent à la Bourse parce qu'elles ne savent rien de la compagnie dans laquelle elles investissent. D'autres en perdent parce qu'elles ont investi à la suite d'un «bon tuyau» de la part d'un ami qui peut ne pas savoir de quoi il parle. On peut établir le niveau de risque d'une société en consultant son historique et en évaluant la direction qu'elle semble prendre. Lisez la section «affaires» de votre journal ou consultez en ligne différents sites d'investissement.

Si vous savez lire et comprendre des états financiers, vous serez capable de déterminer le potentiel de valeur de croissance d'une compagnie. Sinon, il serait peut-être bon que vous consultiez un conseiller financier. Une des informations clés qu'il vous sera important de savoir est la capacité de la compagnie à payer ses dettes à court terme et à long terme. Vous pouvez la déterminer en divisant son actif courant par son passif. Si le résultat obtenu est inférieur à 1,2, la compagnie pourrait éprouver quelques petits problèmes à court terme. Un autre truc est de calculer un ratio dette-équité (en divisant l'actif total par l'avoir) afin de déterminer si la compagnie est capable de payer ses dettes à long terme. Si le résultat dépasse 2 ou 3, il se peut que l'entreprise ne soit pas capable d'effectuer le paiement de sa dette au cours des années.

Quelle que soit votre décision, assurez-vous d'investir à la Bourse en gardant l'œil bien ouvert. Même en effectuant d'amples recherches, il est possible d'y perdre de l'argent. Par contre, éviter d'y investir constitue un désavantage encore plus grand.

Pourquoi? Parce que, de façon générale et à long terme, les marchés boursiers ont obtenu de meilleurs résultats que tout autre type d'investissement. Depuis 1970, la Bourse (mesurée à l'aide de l'indice S&P 500) s'est accrue de près de 200%. Quant au taux de rendement calculé par le même indice, il s'est maintenu entre 11% et 13% au fil des ans. Les taux d'épargne ont tendance à être beaucoup plus bas, soit entre 1,5% et 3%. Supposons que vous avez investi 1 000 $ en 1970 dans un portefeuille d'actions diversifiées. Si vous avez obtenu cette moyenne de gain de 200%, votre 1 000 $ initial vaudrait aujourd'hui près de 200 000 $.

Si vous prenez le temps de comprendre comment les choses fonctionnent et quelles actions vous conviennent le mieux, vous vous en tirerez certainement très bien avec le temps.

Les obligations

Lorsqu'une compagnie ou un gouvernement a besoin de plus d'argent, ils peuvent faire appel à des investisseurs (comme vous!) pour leur apporter un soutien financier. En émettant des obligations, la compagnie ou le gouvernement peuvent amasser le capital dont ils ont besoin pour rester en affaires. Une obligation précise que l'emprunteur garantit un certain taux de rendement (taux d'intérêt) sur une période de quelques années ou jusqu'à ce que l'obligation arrive à terme.

Les investisseurs font de l'argent avec les obligations grâce aux paiements d'intérêts. Certaines compagnies émettent un chèque aux investisseurs à chaque trimestre dont la somme correspond au montant d'intérêts gagné durant cette période. Le montant payé varie selon le montant investi à l'achat de l'obligation et le nombre d'obligations que possède l'investisseur. D'autres types d'obligations ne sont assorties d'aucune disposition semblable. Les intérêts sont plutôt payés à maturité, alors que l'émetteur rembourse le capital et les intérêts composés.

Lorsque vous achetez une obligation, l'émetteur vous remet un certificat qui précise le nom de la compagnie ou du gouvernement émetteur, le montant investi, le taux d'intérêt promis et la date d'échéance de l'obligation. Au Canada, vous devez être âgé d'au moins 18 ans pour pouvoir acheter une obligation par l'intermédiaire d'un courtier, d'une banque ou d'un autre établissement financier. Sinon, vous aurez besoin de la signature d'un parent ou d'un tuteur pour que la transaction soit approuvée.

Il y a deux types d'obligation: gouvernementale et de société.

- **Les obligations du gouvernement** ont tendance à offrir un taux de rendement stable; elles sont vendues par tranche minimale de 100 $. Leur date d'échéance est déterminée au moment de leur achat, bien que l'investisseur puisse normalement racheter l'obligation avant cette date. Un choix entre l'intérêt simple ou composé est souvent offert. Si c'est le cas, choisissez l'intérêt composé, puisque la différence sera importante quant à la valeur globale de votre portefeuille.

- **Les obligations de société** sont presque identiques aux précédentes, bien qu'elles coûtent plus cher. On considère généralement les obligations comme un véhicule d'investissement moins risqué que les actions. Pourquoi ? Parce qu'une obligation est une *promesse légale écrite* que la compagnie paiera un montant d'argent précis, plus intérêts, après une période de temps déterminée. S'il advenait qu'elle se place sous la loi sur la faillite pendant cette période, elle n'en resterait pas moins tenue, selon cette loi, de rembourser toute personne ayant intenté une action en justice contre les avoirs de la compagnie. Aucun actionnaire ne peut compter sur ce genre de promesse.

Bien que les obligations soient considérées comme sûres, elles présentent un désavantage. Le taux de rendement d'une obligation peut être moindre que celui que pourraient offrir d'autres véhicules d'investissement, tels que les fonds communs de placement, les placements enregistrés, les actions et les autres titres. Toutefois, si une société dont la situation financière est à risque émet des obligations, elle doit souvent consentir un taux d'intérêt plus élevé à ses investisseurs. Il y a le risque d'une part et la récompense d'autre part. En général, les véhicules d'investissement à risque moindre rapportent un taux d'intérêt plus bas que les véhicules à risque plus élevé.

Les obligations conviennent davantage comme investissement à long terme ; leur date d'échéance varie normalement entre cinq et trente ans. À échéance, l'obligation rapportera plus d'intérêts. L'investisseur peut alors la racheter ou la réinvestir. Le rachat prématuré d'une obligation peut encourir une pénalité.

Comme dans le cas de titres négociés en Bourse, vous devez effectuer vos recherches avant d'acheter des obligations. Toute obligation est assortie de sa cote, établie selon le système suivant :

COTE	SIGNIFICATION
AAA	Qualité de crédit élevée (les meilleures)
AA	Très bonne qualité
A	Bonne qualité
BBB	Qualité moyenne
BB	Qualité de moyenne à faible
B	Pauvre qualité
CCC	Qualité floue (pourrait rater des paiements)
CC	Qualité très imprécise (la compagnie rate normalement des paiements)
C	Qualité extrêmement imprécise (on s'est placé sous la loi sur la faillite)
D	Inexécution (la compagnie est contrainte de liquider)
	Cote suspendue (problèmes financiers graves)

De toute évidence, les obligations cotées CCC sont plus à risque que les obligations cotées AAA. Ceci étant dit, une obligation cotée CCC offrirait sans doute un taux de rendement très attirant. Cependant, si la cote de la compagnie glisse dans la catégorie D, vous ne serez remboursé qu'à la fin des procédures judiciaires, et peut-être que le remboursement ne sera que partiel. Soyez intelligent et investissez en respectant votre facteur de tolérance au risque.

Les bons du Trésor

Contrairement aux obligations, les bons du Trésor sont des investissements à court terme, destinés aux gens désireux d'investir leur argent sur des périodes variant de 90 à 120 jours. Un bon du Trésor est émis lorsqu'un gouvernement vous emprunte de l'argent et promet de vous rembourser habituellement douze mois plus tard ou moins. Contrairement aux obligations, l'émetteur ne paie pas d'intérêts ; vous prêtez votre argent à taux réduit et l'émetteur rachète le bon à sa pleine valeur au moment où le remboursement de la somme prêtée est dû. Par exemple, vous pourriez acheter pour 9 500 $ un bon du Trésor dont la valeur est de 10 000 $ à maturité. À échéance, l'émetteur vous paie 10 000 $. De façon générale, votre argent est inaccessible avant la date d'échéance du bon.

Normalement, la somme requise pour acheter un bon du Trésor est assez importante, soit entre 5 000 $ et 10 000 $, ce qui en fait un véhicule idéal pour mettre de côté de l'argent pour acheter des articles coûteux comme une voiture, des forfaits-vacances ou pour faire un versement initial quelconque. Le taux de rendement est moyen, mais il en est de même du risque. On peut acheter un bon du Trésor par l'intermédiaire d'un courtier, d'une banque ou d'un autre établissement financier. Si vous êtes âgé de moins de 18 ans, vous aurez besoin du contreseing d'un parent ou d'un tuteur.

Les certificats de placement garanti

Un certificat de placement garanti constitue un autre véhicule d'investissement à faible risque. Émis par une banque, ces certificats s'achètent avec aussi peu que 500 $ (bien que certaines banques en permettent l'acquisition grâce à un plan de paiement hebdomadaire ou mensuel, à raison d'aussi peu que 25 $ à 35 $ par mois). La date d'échéance de ces certificats peut varier de quelques mois à 10 ou 15 ans. Comme dans le cas des obligations et des bons du Trésor, le taux de rendement associé à un certificat de placement garanti est plus élevé que celui d'un compte d'épargne, mais plus bas que celui d'autres types d'investissement. Cependant, le compromis reste le même : le risque est moindre. Au Canada, vous pouvez acheter un certificat de placement garanti dans une banque dès l'âge de 12 ans (bien que la permission d'un adulte puisse être exigée).

Un des inconvénients de ce type de certificat est l'inaccessibilité de votre argent avant la date d'échéance convenue, à moins que vous ne soyez prêt à payer une pénalité (ce qui est possible). Bien que certaines personnes considèrent cette caractéristique comme un inconvénient, elle fait du certificat de placement garanti un excellent outil pour ceux et celles qui résistent difficilement à la tentation de dépenser leur argent. Il constitue aussi un véhicule idéal pour les investisseurs qui espèrent s'acheter un article coûteux dans quelques années.

Puisque ce type de certificat est assorti d'un taux d'intérêt relativement bas, un jeune investisseur ne voudra sans doute pas y placer tout son argent à long terme. Au cours d'une même période, les actions, les obligations et les fonds communs de placement offriront un bien meilleur rendement.

Les fonds communs de placement

Au début du présent chapitre, j'ai mentionné l'existence de véhicules d'investissement qui en contiennent d'autres. Les fonds communs de placement correspondent parfaitement à cette description. Une autre analogie est celle du parapluie : un fonds commun de placement est un parapluie sous lequel sont rassemblées un certain nombre d'actions variées.

Un fonds commun de placement est constitué d'un groupe d'actions (ou parfois d'obligations) qu'un gestionnaire de portefeuille a choisies et réunies. Le gestionnaire effectue ce choix en tenant compte des meilleurs intérêts de ses clients, et les actions sont généralement similaires quant à leur facteur de risque. Lorsque vous achetez une unité de fonds commun, en réalité, vous achetez un petit nombre des différentes actions qui composent cette unité. Le fonds commun de placement constitue un très bon outil pour les investisseurs désireux de diversifier et d'équilibrer leur portefeuille d'investissement.

Les fonds communs ont un potentiel plus élevé de rendement que les bons du Trésor, les obligations et les certificats de placement garanti, mais le facteur risque qui leur est associé est plus grand. Parce qu'il s'agit des marchés boursiers, vous êtes indirectement sujet à leur volatilité et les fonds communs sont étroitement liés aux cycles des marchés. Lorsque ces derniers sont à la baisse de façon générale, vos fonds communs auront vraisemblablement moins de valeur. Par contre, si les marchés sont en pleine effervescence, vos fonds communs le seront aussi.

On classe les fonds communs d'après leurs objectifs et leur facteur de risque. Par exemple, un fonds commun à faible risque serait composé d'un groupe d'actions à risque comparable. Il y a les fonds communs de croissance (risque et taux de rendement élevés), les fonds communs de croissance agressive, les fonds internationaux, les fonds producteurs de revenu et de nombreux autres.

Le marché des fonds communs de placement constitue une opportunité merveilleuse pour les nouveaux investisseurs. Contrairement à certains autres véhicules d'investissement, les fonds communs ne coûtent pas cher! Alors que vous pourriez être incapable d'acheter une grande quantité d'actions ou de bons du Trésor, il est possible d'investir dans le marché boursier, grâce aux fonds communs, pour aussi peu que 50 $ par mois. Réfléchissez à cela un moment. Cinquante dollars par mois, c'est ce que coûtent deux dîners au resto avec des amis. Il s'agit d'un petit investissement qui risque d'être très payant!

Les fonds communs conviennent davantage aux investissements à long terme. Idéalement, investir dans les fonds communs jusqu'à votre retraite vous accorde amplement de temps pour en assurer la croissance. Cependant, la plus brève des périodes d'investissement à long terme est vraisemblablement près de 10 ans. Pour profiter au maximum d'un taux de rendement élevé, vous devez continuer d'investir dans vos fonds communs peu importe la performance des marchés. Si vous passez d'un fonds commun à un autre, vous ne profiterez pas de leur potentiel de croissance à long terme.

Les frais afférents aux fonds communs

Les gestionnaires de fonds communs perçoivent des frais de gestion annuels. De façon générale, ces frais sont payés à même les fonds communs et ne sont pas prélevés directement de votre portefeuille. Il s'agit souvent d'un pourcentage des gains, entre 0,5 et 4 %, enregistrés par tel ou tel fonds pendant l'année en cours. Bien que ces frais ne fassent pas l'affaire de certains investisseurs, bon nombre d'autres les considèrent comme un mal nécessaire. Essentiellement, vous payez pour un service. Votre gestionnaire de fonds est bien formé et informé ; il s'agit du genre de personne qu'il vous faut pour vous aider à prendre les bonnes décisions en matière d'investissement.

Les fonds indiciels

Semblables aux fonds communs de placement quant à l'image du parapluie, les fonds indiciels (aussi appelés **fonds cotés en Bourse**) vous permettent d'acheter une petite partie d'un grand nombre de compagnies de la même industrie ou du même marché. Les fonds indiciels incluent ceux qui évoluent selon les indices majeurs (tels que le Dow Jones ou le S&P 500) de même que ceux qui le font par secteur spécifique (finance, technologie, santé). Au Canada, on compte 178 fonds indiciels et 18 fonds cotés en Bourse (selon les données de 2006) qui peuvent être achetés dans presque tous les établissements financiers. Vous pouvez aussi les acheter en passant par votre propre compte d'investissement autogéré. Contrairement aux fonds communs, les fonds indiciels sont normalement gérés par ordinateur et, par conséquent, ils sont l'objet de frais de gestion très faibles.

Bien que les fonds indiciels existent depuis longtemps, ils restent passablement sous-utilisés. Toutefois, cela ne devrait

pas vous effrayer. En effet, ce genre de véhicule d'investissement est fort intéressant pour les nouveaux investisseurs. Leur
coût est abordable, ils permettent de diversifier vos investissements au sein d'une même industrie et ils sont assortis d'un
risque moindre que celui que comporte l'achat unique d'actions. Un des avantages qu'offre l'investissement dans les fonds
indiciels est que jamais ces fonds n'afficheront un rendement
inférieur au marché (en moyenne, de 10 à 13 %). Pourquoi?
Parce que votre fonds est une représentation du marché. Si
inconvénient il y a, c'est que le rendement du fonds ne dépas-
sera jamais la performance du marché.

Une bonne stratégie à l'achat de fonds indiciels est de choisir des industries (secteurs) dont la tendance est à la hausse.
Par exemple, au cours des dernières décennies, les secteurs
bancaires et financiers ont constamment enregistré de bonnes performances. Pour connaître le succès avec des fonds
sectoriels, il est important de bien prendre à temps la vague
et d'y surfer. Lorsqu'un secteur ralentit, déterminez quelle sera la prochaine tendance et surfez-y. Pour réussir, vous devez
vous tenir au courant de ce qui se passe dans différents secteurs industriels. Augmentez toujours votre connaissance des
affaires; ce sera payant pour vous à long terme.

Les stratégies d'investissement

Maintenant que vous connaissez les différents choix d'investissement, et que vous savez quelque peu comment vous en
servir, la prochaine étape vers le succès financier consiste à
créer votre portefeuille d'investissement. Dans les pages qui
suivent, je vous présenterai certaines stratégies d'investissement clés.

Bon nombre des stratégies présentées ici ne se fondent
pas sur des mécanismes conçus pour s'enrichir rapidement,

mais elles offrent plutôt des conseils financiers avisés qui vous propulseront en tout confort vers votre avenir. Parfois vous ferez de l'argent rapidement et en d'autres occasions la croissance sera plus lente, mais, en bout de ligne, il s'agit de stratégies à long terme éprouvées et garantes de succès.

Diversifiez et équilibrez

«Ne mettez pas tous vos œufs dans le même panier!» Nous connaissons tous ce dicton, n'est-ce pas? En termes d'investissement, il nous invite à prendre garde de placer notre argent dans un seul véhicule. Après tout, si vous perdez votre unique panier, vous en perdez tout le contenu! Par contre, si vous diversifiez vos investissements, la perte d'un panier ne s'avérera pas aussi dévastatrice.

Une autre façon d'aborder la question est de penser en termes d'équilibre. D'ailleurs, ce mot sera pour toujours une composante très importante de votre vie financière. L'équilibre est essentiel au succès dans le domaine de l'investissement (et que dire de votre vie personnelle!). Les gens financièrement prospères apprennent comment équilibrer leurs dépenses, leurs épargnes et leurs investissements, et à redonner à la collectivité. Au chapitre 6, nous nous sommes arrêtés à l'importance de créer un portefeuille qui corresponde très bien à votre personnalité d'investisseur. Mais même les investisseurs les mieux organisés doivent s'assurer d'un certain équilibre. Voyons ensemble quelques exemples.

Le risque ne rend pas Amy inconfortable. Étudiante de 18 ans pleinement soutenue par ses parents, elle sait qu'elle peut se permettre d'investir dans des véhicules à risque et à rendement élevés. Ayant mis de côté ses revenus des trois derniers étés, elle a environ 6 000 $ à investir. Après beaucoup de recherches et de discussions avec ses parents, cependant, Amy reste consciente qu'elle ne doit pas «risquer» tout son argent. Elle désire en placer une partie dans des investissements sûrs, *au cas où sa stratégie agressive à risque élevé tournerait mal. Ainsi donc, elle décide de demander l'avis d'un conseiller financier à sa banque locale. Après lui avoir fait part de ses objectifs financiers, Amy et son conseiller concluent que la solution la plus avantageuse serait une combinaison d'investissements axés sur la croissance et d'autres plus conservateurs et donc sans risque.* En définitive, le portefeuille d'investissement d'Amy ressemble à ce qui suit :

Le portefeuille d'Amy pour une croissance agressive

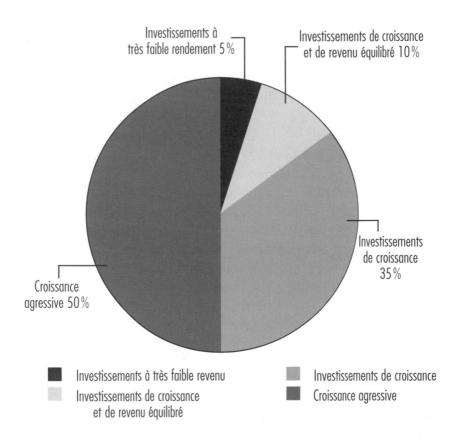

Accordez-moi un moment pour vous expliquer les termes apparaissant au tableau. Ils seront utilisés tout au long de ce chapitre. Bien simplement, ils décrivent quelques-uns des types d'investissement disponibles pour répondre aux besoins d'Amy.

- **Les investissements à très faible rendement :** Ce type d'investissement est très sûr et liquide (accès facile à votre argent). Des exemples : un compte d'épargne ou un bon du Trésor.

- **Les investissements de croissance et de revenu équilibré :** Ces investissements sont un peu plus à risque. De façon générale, ils n'offrent pas un énorme rendement quoi qu'ils soient sûrs. Des exemples : un fonds commun à faible risque ou des actions à bas risque dans une compagnie de très bonne réputation.

- **Les investissements de croissance :** Ils sont encore plus à risque. Ils offrent un meilleur taux de rendement, en plus d'être caractérisés par une approche plus agressive pour gagner de l'argent. Des exemples : un fonds commun axé sur la croissance, un fonds indiciel ou des actions dans une compagnie sûre mais en mode croissance ou expansion.

- **Les investissements de croissance agressive :** Il s'agit d'investissements à risque et rendement élevés. Des exemples : des actions en forte demande ou un fonds commun à risque élevé.

Mais que faire si vous ne ressemblez pas à Amy ? Et si tout ce risque vous laisse quelque peu nerveux ? *Juan, par exemple, sait qu'il doit gérer prudemment les 3 500 $ qu'il est parvenu à mettre de côté pour ses études universitaires et au-delà. Bien sûr, il désire un bon taux de rendement, mais il ne peut pas se permettre de risquer ce qu'il est parvenu à épargner. À la suite* *de ses propres recherches, il a décidé de bâtir son portefeuille en se concentrant essentiellement sur des véhicules d'investissement sûrs.* Le portefeuille de Juan ressemble à ce qui suit :

Le portefeuille de Juan pour une croissance conservatrice

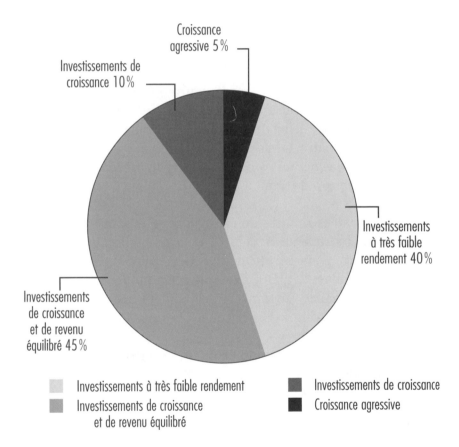

La plupart des investisseurs se situent sans doute entre Amy et Juan sur l'échelle de risque, et c'est bien ainsi. Quel que soit le taux de rendement désiré, vous pouvez combiner vos types d'investissement de façon à l'obtenir. Étudions un autre exemple.

Âgée de 26 ans, Andrea a une certaine somme d'argent à investir, mais elle n'est pas certaine de vouloir le faire à risque élevé. Après en avoir discuté avec un conseiller bancaire, elle a décidé de prendre avantage de sa jeunesse et de sa capacité à affronter le marché. Après avoir consulté son conseiller, Andrea sait qu'elle aimerait bénéficier d'un rendement de 8 à 10 % à long terme, ce que les investisseurs appellent une «croissance équilibrée». Le portefeuille d'Andrea pourrait ressembler à ce qui suit :

Le portefeuille de croissance équilibrée d'Andrea

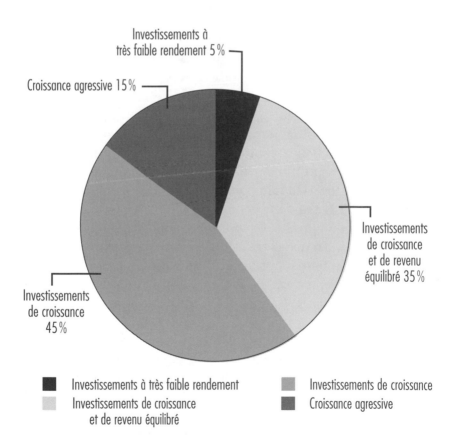

Peu importe *votre* combinaison, votre but ultime est d'avoir une fourchette d'investissements qui réponde à vos besoins. Vous êtes peut-être prêt à tolérer un peu de risque, comme Amy, ou êtes plus conservateur, comme Juan. Il y a fort à parier que bon nombre d'entre vous voudront faire comme Andrea, donc investir mais sans risque. Parlez-en à un conseiller de votre banque locale. Utilisant le portefeuille d'Amy comme référence, ne craignez pas de poser des questions, même celles qui vous semblent stupides. Vous avez suffisamment de connaissances maintenant pour vous assurer une réponse à vos besoins parmi les véhicules d'investissement qui s'offrent à vous. Utilisez vos connaissances!

La moyenne d'achat

Dès lors que vous avez compris ce que sont la diversification et l'équilibre, et que vous avez choisi les véhicules d'investissement qui vous conviennent, vous pouvez commencer à penser à des façons de maximiser vos dollars investis. À cet égard, la moyenne d'achat est fort géniale. En termes simples, il s'agit de faire une contribution à un plan d'investissement quelconque sur une base régulière. Par exemple, vous pourriez contribuer 30 $ par mois prélevés de vos revenus ou de votre allocation. À tous les mois, vous achetez cet investissement à raison de 30 $, d'un fonds commun par exemple. À cause des fluctuations du marché, le coût de ce fonds varie à la hausse et à la baisse. En achetant régulièrement, vous profitez du coût moyen du fonds, obtenant plus d'unités lorsque le coût est bas et moins lorsqu'il est élevé. Et indépendamment du coût, vous bénéficiez toujours de l'intérêt composé.

Certains investisseurs croient qu'épargner et contribuer un montant unique constituent la meilleure façon d'investir. Ils attendent souvent le moment où le type d'investissement désiré est à la baisse, parce qu'il coûte alors moins cher. Pendant ce temps, absents du marché, ils en ratent les avantages. Déterminer le moment propice est une chose difficile. Vous voulez éviter de vous asseoir sur des milliers de dollars à investir, des milliers de dollars qui ne rapportent entre-temps aucun intérêt.

La moyenne d'achat permet aux investisseurs d'effectuer des transactions sur le marché en tout temps, profitant de ses hauts et de ses bas. Voici comment cela fonctionne. Disons que Jason investit dans un fonds commun appelé XYZ. Les prix mensuels moyens figurent au tableau ci-dessous. Si Jason investit une fois par mois, sa moyenne d'achat du fonds commun est de 55,91 $:

MOIS	PRIX
Janvier	50,25 $
Février	52,36 $
Mars	60,13 $
Avril	55,12 $
Mai	61,11 $
Juin	60,01 $
Juillet	57,63 $
Août	55,68 $
Septembre	54,89 $
Octobre	54,23 $
Novembre	55,62 $
Décembre	53,89 $
Prix moyen	**55,91 $**

Si Jason avait décidé de n'investir son argent qu'au moment où le marché est le plus favorable, le prix moyen aurait pu alors être plus bas ou plus élevé. Peut-être aurait-il conclu, après avoir vu la valeur du fond XYZ chuter entre mai et juillet, que le prix ne glisserait pas plus bas. Non seulement aurait-il fait erreur, mais il aurait payé plus que le prix moyen étalé sur douze mois. Investir sur une base régulière, c'est logique.

Utilisez toujours de l'argent gratuit

Si vous travaillez à un emploi à temps plein, vous avez peut-être accès à un programme d'avantages sociaux qui inclut un plan de retraite. Bien souvent, ces plans vous permettent de contribuer un certain pourcentage de votre salaire (prélevé directement de votre chèque de paie) à ce plan. À son tour, votre employeur pourrait donner une contribution équivalente à la vôtre. Disons que la compagnie pour laquelle vous travaillez accepte d'égaler votre contribution jusqu'à un montant maximal de 50 $ par mois. Si vous contribuez 50 $, un autre 50 $ sera versé à votre plan d'épargne (si vous contribuez 40 $, la compagnie en fera autant; si vous contribuez 60 $, la compagnie contribuera 50 $). Votre employeur pourrait ne pas doubler votre contribution, mais contribuerait tout de même un certain montant; c'est de l'argent gratuit. Prévalez-vous-en! Mieux encore, votre contribution et celle de votre employeur accumuleront toutes deux des intérêts. Faute de gagner à la loterie, c'est ce qu'il y a de mieux!

Voici quelques véhicules et plans d'investissement au sujet desquels vous devriez vous informer lorsque vous intégrez le marché du travail:

- **Les régimes enregistrés d'épargne retraite (REER):** Les REER vous permettent de regrouper différents types d'investissement dans un plan unique. Cela pourrait inclure un certain nombre d'actions, de fonds communs de placement, ainsi qu'une ou deux obligations. Ces plans vous permettent d'épargner pour votre retraite. Le gouvernement vous permettra de déduire presque toute la somme, sinon toute la somme que vous aurez épargnée de votre revenu imposable. (Voir le chapitre 8 pour plus d'information.)

- **Les régimes enregistrés d'épargne-études (REEE):** Comme les REER, les REEE vous permettent de regrouper différents types d'investissement dans un plan unique. Dans un tel cas, par contre, l'objectif est de mettre de l'argent de côté pour l'éducation de vos enfants. Le gouvernement égalera 20% de vos contributions, jusqu'à un maximum de 500$ par année.

Préparez-vous pour le long parcours (ou Évitez d'acheter à la hausse et de vendre à la baisse)

En regardant vers l'avenir, que signifie «long parcours» pour vous? Cinquante ans? Quarante? Trente-cinq? Il vaut la peine de s'y arrêter un moment. Voici pourquoi.

Au cours des cent dernières années, les fonds communs de placement et les marchés boursiers ont affiché un rendement moyen oscillant entre 11 et 13%. De nombreux investisseurs, cependant, ne profitent nullement de cet excellent taux de rendement. En moyenne, ils doivent se contenter d'un maigre 4%. Pourquoi? Parce que ces investisseurs modifient constamment la composition de leur portefeuille. Lorsque les marchés sont trop instables, ils prennent peur, vendant avant d'opter pour de nouveaux investissements. Peu importe ce qu'ils font, ils agissent habituellement et précisément au mauvais moment, sans doute parce qu'ils laissent leurs émotions prendre le dessus.

Lorsque les marchés affichent un piètre rendement, la valeur globale de votre portefeuille affiche une tendance à la baisse. Face à une telle situation, la nervosité pourrait vous envahir; après tout, vous ne faites pas d'argent et même vous pourriez en perdre. Que faire? Eh bien, vous pourriez retirer votre argent, en pensant ainsi le mettre à l'abri de pertes futures. En réalité, vous le feriez au moment où vous obtiendriez le moins d'argent en retour. Pire encore, vous pourriez décider de réinvestir lorsque les marchés sont à la hausse. Sauf qu'alors, il vous en coûterait davantage et que vous paieriez plus que vous ne le devriez.

Cette réaction émotive s'oppose totalement à une stratégie rentable. Vous achetez à la hausse et vendez à la baisse. Persévérez ainsi et jamais vous n'obtiendrez des rendements de 11 à 13 %, mais plutôt d'environ 4 %, ce qui est un peu mieux que le taux d'inflation !

Si vous êtes tenté de modifier vos investissements, rappelez-vous cet élément de connaissance clé : pour faire de l'argent, vous devez le placer à long terme. Évitez de modifier quoi que ce soit ; cela vous coûtera de l'argent ! Lorsque vous recevez les relevés de vos investissements, jetez-y un bref coup d'œil puis mettez-les de côté. Vous pouvez les étudier plus en détail une fois par année, mais vous ne devriez pas vous sentir obligé de le faire davantage. Beaucoup de choses peuvent se produire en un an et des changements pourraient vous inciter à modifier votre stratégie d'investissement. Par exemple, si un enfant s'ajoutait à votre petite famille, si vous vous mariiez ou si vous achetiez une maison, vous voudriez peut-être modifier tant vos investissements que votre stratégie.

Comme les tendances, les marchés changent. Ils montent et descendent en réaction à un certain nombre de facteurs. Mais, comme tout le monde, vous devez vivre avec ces hauts et ces bas. Assurez-vous de passer en revue vos stratégies, tout en gardant à l'esprit qu'investir afin de connaître le succès financier est un processus à long terme.

Les stratégies pour empocher des dividendes

Pendant ma dernière année d'études universitaires, un de mes groupes de travail conçut une stratégie de signalisation de dividendes dans le cadre d'un projet de cours. Au départ, nous nous sommes appuyés sur l'hypothèse suivante : la politique sur les dividendes d'une compagnie a des incidences importantes sur la signalisation. Certains investisseurs utilisent la signalisation de dividendes pour évaluer la santé globale d'une compagnie. De nombreuses preuves suggèrent qu'une hausse des dividendes serait bien perçue par les marchés, alors qu'une baisse des dividendes produirait l'effet contraire. Après tout, lorsqu'une compagnie paie un dividende, c'est qu'elle a les moyens de le faire. Par contre, un dividende réduit communique le contraire: peut-être que cette compagnie manque de liquidités. Nous désirions voir notre portefeuille factice afficher des résultats positifs basés sur une signalisation étroitement liée aux dividendes.

Notre stratégie consistait à faire semblant d'acheter des actions de compagnies dont les dividendes étaient à la hausse, à maintenir notre présence dans des compagnies aux dividendes stables et à vendre une partie de nos actions au sein de compagnies qui avaient réduit le montant de leurs dividendes. Dans son ensemble, notre portefeuille constitué de 46 compagnies américaines différentes, payant des dividendes sur une base régulière, afficha un rendement supérieur à la norme de référence. Nous avons même soumis le portefeuille à des tendances de récession caractéristiques du début de la décennie (la bulle technologique). Pour la période de cinq ans pendant laquelle nous avons analysé la performance de notre stratégie, notre taux de rendement moyen annuel était de 14,44 %, alors que celui de notre norme de référence afficha continuellement des pertes pendant cette même période. Nous faisions de l'argent, alors que les autres n'en faisaient pas.

Bien que la mise en place de cette stratégie exige beaucoup de recherche, d'achat et de vente d'actions, en plus d'un montant important pour couvrir les frais afférents aux transactions, elle n'en constitue pas moins une opportunité d'investissement à faible risque, stable et rentable. Si l'essayer vous intéresse, vous pourriez peut-être contribuer dans un fonds commun de dividendes (presque tous les établissements qui vendent des fonds communs en ont un).

Soyez prêt à tirer profit de l'effet de levier

Si vous aviez assez d'argent pour acheter un article coûteux, l'utiliseriez-vous à cette fin ? Bien sûr, n'est-ce pas ? Erreur. Certaines personnes négocient des emprunts pour acheter certains articles même lorsqu'elles sont capables de les payer comptant. Non, ces gens ne sont pas stupides. Parfois, il est logique d'emprunter de l'argent pour en faire. Il s'agit de l'effet de levier.

Disons que vous avez mis de côté 5 000 $ pour acheter votre première auto d'occasion. Vous avez même trouvé un très bon véhicule doté de toutes les caractéristiques que vous recherchiez. Vous avez donc déterminé de payer le véhicule comptant. Cependant, rendu à la banque pour y faire certifier votre chèque, votre banquière personnelle vous parle d'une combinaison de fonds communs de placement susceptibles de rapporter 10,5 % d'intérêt au cours de trois ans. Elle tente de vous convaincre d'investir vos 5 000 $ dans ce portefeuille, au lieu d'utiliser la somme pour acheter une automobile.

Et voilà, vous êtes tiraillé ! Vous désirez acheter l'auto en question, mais voir votre 5 000 $ vous donner un rendement de 10,5 % est aussi fort intéressant. Heureusement, votre conseillère vous dit que, grâce à l'effet de levier, vous pouvez faire les deux. En effet, la banque est prête à vous prêter les 5 000 $ dont vous avez besoin pour acheter votre auto à un taux d'intérêt raisonnable de 7 %, prêt que vous pourrez rembourser en 36 mois. D'autre part, elle investira les 5 000 $ que vous avez mis de côté dans le portefeuille de fonds communs dont le rendement prévu est de 10,5 %. Parce que votre taux de rendement est plus élevé que le taux d'intérêt que vous paieriez sur votre prêt, vous faites de l'argent. En fait, votre taux de rendement relatif global après trois ans sera de 3,5 % (10,5 % moins 7 %).

Êtes-vous intéressé de savoir combien de profit vous pourriez réaliser si tout se déroulait comme prévu (rappelez-vous
qu'il ne s'agit pas d'un simple calcul d'intérêt sur le capital investi, parce que l'intérêt serait composé annuellement)? Un
calcul facile appelé «formule de calcul de la valeur future» vous
le révélera: $C \times (1 + i)^n$. La lettre «C» est le capital investi, le
«i», c'est le taux d'intérêt et le «n» la période d'investissement:
le capital multiplié par «1 + le taux d'intérêt» à l'exposant
«temps». Si vos tempes bourdonnent déjà, ne vous en faites
pas. Il s'agit en fait d'une formule passablement simple que
vous pouvez intégrer à toute feuille de calcul. Inutile de faire
le calcul manuellement!

Dans le cas de votre voiture versus les fonds communs,
voici ce que vous devez savoir: le capital investi est de 5 000 $,
le taux d'intérêt de 3,5 % (dans le monde des formules, vous
devez inscrire 0,035) et la période d'investissement est de trois
ans. Autrement dit:

$$5\,000\,\$ \times (1 + 0{,}035)^3 = 5\,543{,}59\,\$$$

Pour découvrir le montant d'argent que vous aurez gagné à l'effet de levier, il vous suffit de soustraire le 5 000 $
emprunté du résultat ci-dessus. Un gain de 543,59 $, ce n'est
pas si mal. (Et pourquoi ne pas ajouter une contribution mensuelle à votre contribution initiale? Vous ferez encore plus
d'argent!)

Vous devez cependant prendre garde à une chose en utilisant l'effet de levier: vous devez rembourser sans faute votre
prêt à chaque mois. Dans l'exemple ci-dessus, votre paiement
mensuel sera vraisemblablement de 150 $. Si vous pouvez vous
le permettre, vous gagnerez des sommes intéressantes dans
quelques années.

Appeler les chiens

La stratégie «les chiens du Dow» fut élaborée en 1972. Depuis lors, elle s'est avérée rentable pour ceux qui l'ont utilisée. L'essentiel de cette stratégie est d'acheter lorsque les valeurs sont à la baisse et de vendre lorsqu'elles sont à la hausse. C'est logique, n'est-ce pas? La stratégie consiste à acheter 10 titres de l'indice Dow Jones cotés en bourse. Les actions que vous achetez sont celles qui procurent le meilleur rendement de dividende au début de l'année. Ils coûteront vraisemblablement peu (d'où le terme «chiens») parce que le paiement d'un dividende réduit les liquidités de l'entreprise. Moins de liquidités signifie une valeur moindre dans les documents comptables. L'idée, c'est d'acheter ces actions à bas prix et d'observer leur croissance.

Sachez quelles sont vos limites

Une bonne stratégie financière doit tenir compte de vos limites personnelles. Il importe de savoir quand et si vous avez fait assez d'argent (ou en avez perdu suffisamment). C'est à vous qu'il appartient de fixer vos limites afin d'être capable de mesurer le degré de satisfaction que vous procure votre portefeuille d'investissements. Par exemple, peut-être qu'un rendement de 20% vous satisfait. Si par chance des actions ou un autre type d'investissement vous rapportent du 20%, vous êtes prêt à vendre. Ou peut-être que vous avez établi la limite de vos pertes à 20%. C'est aussi possible que vous désiriez modifier votre limite personnelle selon les circonstances et les conditions des marchés, mais il vaut la peine de déterminer ses limites avant d'investir. Je vous recommande de consulter un conseiller financier de bonne réputation susceptible d'établir avec vous un objectif raisonnable quant au rendement de vos investissements.

À l'affût de la valeur

En utilisant une stratégie d'investissement axée sur la valeur, l'investisseur cherche à investir dans des compagnies relativement boudées et dépréciées par les investisseurs. Comprenez et prêtez grande attention aux compagnies victimes de difficultés de courte durée. Demandez-vous si telle ou telle compagnie est capable de s'en sortir. Si vous croyez que c'est le cas (et vos recherches le confirment), vous pourriez profiter du bas prix de son action. Par exemple, il y a quelques années, Research in Motion (fabricant du BlackBerry) éprouvait des difficultés à négocier un brevet. Si vous avez investi dans RIM à cette époque, vous avez épargné de 20 à 30 % l'action. Un autre bon exemple est peut-être celui d'un grossiste en vêtements qui ferait face à une forte demande. Des stocks insuffisants pour compléter les commandes initiales auraient une incidence négative sur la valeur de l'action. Mais si la compagnie parvient à régler son problème momentané d'insuffisance de stocks, elle connaîtra la croissance. Si cette stratégie vous intéresse, assurez-vous d'effectuer vos recherches. Les journaux, les magazines et les sites financiers en ligne peuvent constituer de formidables sources de renseignements.

Investissez dans ce que vous connaissez

Peter Lynch, investisseur de renom, utilise la stratégie «acheter et tenir ferme» décrite à la section «long parcours». Un autre élément clé de son succès est l'approche «investir dans ce que vous connaissez». Avec cette stratégie, vous vous contentez d'investir dans des compagnies que vous connaissez très bien. Par exemple, un jeune professionnel pourrait investir dans Sony, Honda ou Le Château. Toutes ces compagnies sont évidemment bien connues. De plus, effectuer des recherches sur des choses qui nous intéressent n'est jamais difficile ou ennuyeux!

Chapitre 8

Être précis :

maisons, enfants et choses

L e présent chapitre traite de situations précises qui pourraient ne pas s'appliquer à vous en ce moment. Toutefois, au cours de votre vie, ces choses (l'éducation, la recherche d'une maison, la retraite, et même avoir des enfants) pourraient être pertinentes. Par exemple, si vous êtes âgé de 16 ans et fréquentez l'école secondaire, vous ne pensez probablement pas à avoir des enfants ou à vous acheter une maison. Par contre, si la fin de vos études universitaires approche, l'achat d'une maison dans un proche avenir pourrait être l'un de vos projets. Si vous êtes marié(e) ou fiancé(e) et pensez un jour avoir des enfants, mettre de l'argent de côté pour leur éducation pourrait vous intéresser. Peu importe, une chose reste vraie : tous, quelle que soit leur situation, devraient réfléchir à leur avenir financier et à leur retraite.

L'éducation

*Marthe désire fréquenter l'université afin d'obtenir son diplô-
me d'enseignante. Elle est consciente que les coûts de telles
études seront de 7 000 $ à 10 000 $ par année. Malheureusement, les parents de Marthe ne peuvent pas lui aider. Bien
qu'elle ait entendu des histoires d'horreur concernant les prêts
étudiants, elle commence à se demander si ce n'est pas là la
seule solution à son problème.*

La plupart des livres sur l'investissement proposent des
stratégies conçues pour aider à payer pour l'éducation, mais ils
ne s'adressent pas à des gens de moins de 30 ans! Mais qu'en
serait-il si, comme Marthe, vous aviez comme défi de payer
pour votre éducation? Vous n'êtes pas seul. Une poignée de
personnes seulement ont la chance de terminer leurs études
sans aucune dette. La plupart des étudiants comptent sur une
marge de crédit ou sur des prêts étudiants pour se rendre jusqu'au bout. En moyenne, un étudiant canadien termine ses
études en ayant contracté des dettes d'environ 20 000 $.

Si vous savez au préalable que vous devrez payer pour
votre éducation, une stratégie d'échéances variées de vos certificats de placement pourrait vous convenir. Au chapitre 7,
nous avons appris que tout argent investi dans ce type de
certificat est sûr et garantit de rapporter des intérêts. Le plus
important, c'est que les certificats de placement garanti ont
des dates d'échéance variées. Par conséquent, vous pourriez
investir dans ce véhicule et le voir atteindre sa maturité dans
un an, voire dans 10 ans. Une stratégie d'échéances variées
ressemble à un plan d'épargne obligatoire. Elle exige de placer
des fonds dans ce véhicule d'investissement avant de fréquenter l'école et pendant que vous la fréquentez. En comptant sur
une planification adéquate, vous pouvez vous assurer qu'un
certificat arrivera à échéance chaque année ou à chaque se-
mestre, tout au long de vos études post-secondaires, ce qui

vous accordera une bonne somme d'argent pour vous aider à payer vos frais de scolarité et vos manuels de cours.

Prenons l'exemple de Marthe pour expliquer comment cela pourrait fonctionner. Au cours de l'été entre ses années d'études secondaires 3 et 4, Marthe décroche un emploi à temps partiel, disons au terrain de golf local. Puisqu'elle travaille à temps plein durant les mois de juillet et d'août, elle parvient à mettre de côté environ 3 000 $. Parce qu'elle vit encore chez ses parents, qui paient l'hypothèque, les factures et la nourriture pour tout le monde, au bout du compte, Marthe épargne 2 000 $. À la fin de l'été, elle se rend à la banque, consulte un conseiller et achète un certificat de placement garanti assorti d'un bon taux d'intérêt et d'une durée de deux ans, ce qui signifie qu'il arrivera à échéance au cours de sa première année d'études post-secondaires.

L'été suivant, soit entre le secondaire 4 et le secondaire 5, Marthe occupe le même emploi et épargne un autre 2 000 $. De nouveau, elle se rend à la banque à la fin du mois d'août et achète un autre certificat. Cela signifie que ce dernier arrivera à échéance au moment où Marthe s'apprêtera à commencer sa deuxième année d'études post-secondaires.

Vous comprenez le mécanisme ? Si Marthe continue ainsi, été après été, elle échafaudera ses certificats (voir le tableau ci-dessous) de façon à ce qu'ils atteignent leur maturité à tour de rôle, au début de chacune de ses années d'études post-secondaires. Je sais, je sais, l'expérience m'a certainement enseigné que 2 000 $ sont insuffisants pour payer une année d'études post-secondaires, mais c'est 2 000 $ de plus que ce que vous auriez si vous n'investissiez pas, et ce montant donne à coup sûr un bon coup aux frais de scolarité.

Une autre chose à noter. Lorsque Marthe commencera à fréquenter l'université ou le collège, elle pourra profiter du fait qu'elle dispose de deux mois d'emploi chaque été. Elle peut gagner davantage, épargner davantage et acheter plus de précieux certificats de placement garanti. Somme toute, c'est une bonne affaire!

AN 1	AN 2	AN 3	AN 4	AN 5	AN 6	AN 7
2 000 $ investis à 4 %	2 163,20 $					
	2 000 $ investis à 4 %	2 163,20 $				
		2 000 $ investis à 4 %	2 163,20 $			
			2 000 $ investis à 4 %	2 163,20 $		
				2 000 $ investis à 4 %	2 163,20 $	
					2 000 $ investis à 4 %	2 163,20 $

Nouveaux dollars investis
Valeur à échéance

La vie de cocagne (douceur du foyer)

Christie, étudiante de 21 ans, termine sa première année d'université. Elle désire quitter le foyer familial, situé en banlieue, à la fin de ses études. Puisqu'elle doit payer ses frais de scolarité et ses manuels de cours, elle se demande comment elle pourra se permettre d'économiser le paiement initial requis à l'achat d'une maison. Elle aimerait bien une maison en copropriété plus près du centre-ville, et plus près de ses amis et d'occasions d'emploi potentielles.

Chose intéressante, le marché des maisons en copropriété a explosé au Canada au cours des vingt dernières années. Les promoteurs de projets visent les gens de toutes les couches démographiques, bien que les gens de moins de 30 ans semblent être la cible de la plupart des annonces publicitaires. Pourquoi? De façon générale, les maisons en copropriété coûtent moins cher que les maisons seules. De plus, la gestion d'une maison en copropriété et son entretien s'avèrent faciles. Elles offrent aux jeunes personnes une façon idéale

Les coûts et la valeur de l'éducation

Vous êtes-vous déjà demandé ce qu'il vous en coûte pour vos études ? Le coût total d'un programme de premier cycle de quatre ans est d'environ 32 000 $, et cela n'inclut pas le logement, la nourriture et certainement pas l'achat d'un ordinateur et de logiciels ! Mais, ce n'est pas tout. Parce que vous êtes aux études, vous ne pouvez profiter d'occasions de travailler à temps plein et de faire de l'argent. Disons que vous pourriez vous gagner un salaire annuel de 30 000 $. Sur une période de quatre ans d'études, vous «perdriez» 120 000 $», auxquels s'ajoutent les 32 000 $ pour les frais de scolarité et les livres. Le coût total de votre éducation post-secondaire : 152 000 $!

Vous demandez-vous pourquoi vous vous donneriez la peine d'étudier ? La réponse ? Au cours de votre vie, vous gagnerez au moins le *double* de ce que gagneront ceux et celles qui n'auront pas terminé leurs études post-secondaires. Vos choix de carrière (rappelez-vous le chapitre 1 : choisir est synonyme de liberté) seront meilleurs et davantage variés, et votre revenu plus élevé. Il vaut la peine de prendre note que l'éducation post-secondaire peut être autre chose que des études universitaires ou collégiales. En Amérique du Nord, la demande pour les gens de métier est forte. Les étudiants qui poursuivent cette avenue doivent compléter des programmes d'études intensifs. L'éducation post-secondaire ne se limite plus à des diplômes ; il suffit de penser aux certificats d'apprentissage, aux stages en milieu de travail et autres types de formation.

d'accéder au marché immobilier, sans être complètement à court d'argent.

De sérieux défis attendent les premiers acheteurs de maison lorsqu'ils accèdent au marché immobilier. Outre le fait qu'ils doivent régler le paiement initial exigé, toute maison (en copropriété, en rangée ou seule) est accompagnée d'une **hypothèque**. Il s'agit d'une dette à long terme conçue pour payer votre maison. Elle est semblable à un contrat qui précise qu'une propriété donnée, votre maison, sera placée en garantie contre la valeur du prêt consenti.

Ainsi, si vous manquez d'effectuer vos paiements, la banque saisira votre maison. Bien souvent, les hypothèques sont assorties d'un terme de 20 à 30 ans. Cela pourrait vous effrayer, mais une hypothèque est en fait très bénéfique à long terme. Les propriétaires de maison sont au moins *70 fois* plus riches que ceux qui louent une propriété (maison) ou un appartement toute leur vie. L'achat d'une maison est l'un des meilleurs investissements à long terme que vous pouvez faire.

Alors, comment devez-vous vous y prendre? Eh bien, vous pourriez commencer à placer votre argent dans un compte d'épargne ou à le déposer dans un coffret de sécurité jusqu'au jour où vous serez prêt à acheter. Mais, vous savez maintenant que ces approches ne vous rapporteront pas grand-chose. Bien sûr, un compte d'épargne produira des intérêts avec le temps, mais vous pourriez aussi y piger de temps en temps. Somme toute, il s'agit de façons terribles de mettre de l'argent de côté en vue de l'achat à long terme d'un article coûteux.

Rappelez-vous le cas de Christine. Eh bien, en fait, elle est en bonne position. Deux choses jouent en sa faveur : elle sait ce qu'elle veut et elle est prête à trouver un moyen pour l'obtenir. Parce qu'elle dispose du facteur temps, trois à cinq ans d'études, elle voudra s'assurer qu'elle récoltera des intérêts de l'argent investi et que l'accès à cet argent lui sera impossible. En effet, elle ne voudrait pas ruiner accidentellement la réalisation d'un rêve de longue date à cause d'une fabuleuse paire de souliers ou d'autre chose! Ce ne serait pas une mauvaise idée non plus pour Christine de déterminer des façons d'économiser pour le paiement initial sur sa maison pendant qu'elle est en mode épargne.

La toute première chose que Christine doit faire est de rendre visite à son établissement financier. En tenant compte des règlements, des taux d'intérêt et de la situation financière de sa cliente, un conseiller sera en mesure de déterminer combien d'argent elle doit mettre de côté pour effectuer un paiement initial. De façon générale, ce paiement peut représenter aussi peu que 5 % de la valeur de la maison. Ainsi donc, si la maison qui vous intéresse coûte 175 000 $, le paiement initial exigé sera approximativement de 8 750 $.

Dans le cas de Christine, supposons qu'elle met trois, quatre ou cinq ans pour accumuler la somme nécessaire. Supposons aussi qu'elle choisit de mettre de côté entre 5 et 25 % de la valeur de sa maison. Jetez un coup d'œil au tableau suivant et vous découvrirez combien d'argent Christine devra mettre de côté chaque mois sans intérêt couru sur le principal.

L'ÉPARGNE MENSUELLE DE CHRISTINE	PAIEMENT INITIAL DE 5 % 8 750 $	PAIEMENT INITIAL DE 10 % 17 500 $	PAIEMENT INITIAL DE 15 % 26 250 $	PAIEMENT INITIAL DE 20 % 35 000 $	PAIEMENT INITIAL DE 25 % 43 750 $
3 ans (36 mois)	243,06 $	486,11 $	729,17 $	972,22 $	1 215,28 $
4 ans (48 mois)	182,29 $	364,58 $	546,88 $	729,17 $	911,46 $
5 ans (60 mois)	145,83 $	291,67 $	437,50 $	583,33 $	729,17 $

Et si Christine déposait son argent dans un compte d'épargne à taux d'intérêt élevé et composé ou dans un certificat de placement garanti à intérêt composé? Ces deux véhicules d'investissement étant très sûrs, cela éviterait à Christine de placer l'argent épargné pour le paiement initial à risque. Et elle obtiendrait sans doute un taux de rendement de 2 à 4% d'intérêts composés par année, ce qui devrait l'aider à atteindre son objectif d'épargne plus tôt que prévu. Admettons que Christine décide de mettre de côté une somme suffisante pour un paiement initial de 10% (17 500 $), à l'aide de contributions étalées sur trois, quatre ou cinq ans à 3% d'intérêt.

Sur une période de trois ans :

ANS	MONTANT ÉPARGNÉ	ÉPARGNES MENSUELLES ACOMPTE 10%	ÉPARGNES TOTALES	ÉPARGNES AVEC INTÉRÊTS	TAUX D'INTÉRÊT À L'ÉPARGNE
1	5 833,32 $	486,11 $	5 833,32 $	6 008,32 $	3 %
2	5 833,32 $	486,11 $	11 666,64 $	12 196,89 $	3 %
3	5 833,32 $	486,11 $	17 499,96 $	18 571,12 $	3 %

Sur une période de quatre ans (et avec des épargnes mensuelles réduites) :

ANS	MONTANT ÉPARGNÉ	ÉPARGNES MENSUELLES ACOMPTE 10%	ÉPARGNES TOTALES	ÉPARGNES AVEC INTÉRÊTS	TAUX D'INTÉRÊT À L'ÉPARGNE
1	4 374,96 $	364,58 $	4 374,96 $	4 506,21 $	3 %
2	4 374,96 $	364,58 $	8 749,92 $	9 147,60 $	3 %
3	4 374,96 $	364,58 $	13 124,88 $	13 928,24 $	3 %
4	4 374,96 $	364,58 $	17 499,84 $	18 852,30 $	3 %

Sur une période de cinq ans (et avec des épargnes mensuelles réduites):

ANS	MONTANT ÉPARGNÉ	ÉPARGNES MENSUELLES ACOMPTE 10%	ÉPARGNES TOTALES	ÉPARGNES AVEC INTÉRÊTS	TAUX D'INTÉRÊT À L'ÉPARGNE
1	3 500,04 $	291,67 $	3 500,04 $	3 605,04 $	3 %
2	3 500,04 $	291,67 $	7 000,08 $	7 318,23 $	3 %
3	3 500,04 $	291,67 $	10 500,12 $	11 142,82 $	3 %
4	3 500,04 $	291,67 $	14 000,16 $	15 082,15 $	3 %
5	3 500,04 $	291,67 $	17 500,20 $	19 139,65 $	3 %

Comme vous pouvez le constater, le facteur temps joue vraiment en faveur de Christine. Avec un peu de prévoyance et de planification, elle devrait n'éprouver aucune difficulté à réaliser son rêve !

Se montrer agressif : la possibilité qu'offre l'effet de levier

Si vous avez trouvé la maison de vos rêves et que vous avez eu la chance de mettre de côté une bonne somme pour effectuer le paiement initial, vous devriez aborder de façon très agressive la prochaine étape de votre achat immobilier : la recherche d'un bon taux hypothécaire.

Comme pour tout autre achat, vous désirez être bien certain que vous en avez pour votre argent. Quand il est question de taux hypothécaire, même un maigre 0,5 % peut faire toute une différence dans vos paiements mensuels.

Les paiements hypothécaires mensuels amortis sur 25 ans

Taux	100 000 (paiement mensuel)	150 000 (paiement mensuel)	200 000 (paiement mensuel)	250 000 (paiement mensuel)	300 000 (paiement mensuel)
5,0 %	582 $	872 $	1 163 $	1 454 $	1 745 $
5,5 %	610 $	916 $	1 221 $	1 526 $	1 831 $
6,0 %	640 $	960 $	1 280 $	1 600 $	1 919 $
6,5 %	670 $	1 005 $	1 340 $	1 675 $	2 009 $
7,0 %	700 $	1 051 $	1 401 $	1 751 $	2 101 $
7,5 %	732 $	1 097 $	1 463 $	1 829 $	2 195 $
8,0 %	763 $	1 145 $	1 526 $	1 908 $	2 290 $
8,5 %	795 $	1 193 $	1 591 $	1 988 $	2 386 $

Au moment où vous vous apprêtez à acheter une maison, il est aussi important de vous arrêter au pouvoir de l'effet de levier (voir le chapitre 7). Paul a eu de la veine. Grâce à un cadeau important de sa grand-mère, et à une certaine somme de travail ardu pendant l'été et pendant ses mois d'études, il est parvenu à mettre de côté 60 000 $ pour le paiement initial de sa nouvelle maison. Le prix demandé pour la maison en copropriété qui l'intéresse est de 120 000 $. La banque a déjà avisé Paul qu'un paiement initial de 5 % ou de 6 000 $ suffisait pour devenir propriétaire de la maison. Cependant, Paul songe sérieusement à verser la somme totale accumulée pour acheter sa maison, soit 60 000 $.

Avant de prendre une quelconque décision finale trop rapidement, il devrait étudier attentivement le taux d'intérêt que la banque lui propose. Si le taux est bon (passablement bas), Paul pourrait choisir d'effectuer un paiement initial aussi petit que possible. Une telle stratégie lui permettrait d'investir une plus grande partie de son argent et de profiter de l'intérêt composé.

Faisons quelques calculs et voyons comment tout cela pourrait fonctionner. Rappelez-vous : Paul a mis de côté 60 000 $, la maison en copropriété coûte 120 000 $ et la banque exige un paiement initial qui équivaut à seulement 5 % du prix de la maison, soit 6 000 $. Si Paul consent à verser un montant initial de 6 000 $, il se retrouvera avec une hypothèque de 114 000 $ et avec 54 000 $ qu'il pourra investir où bon lui semble (pour simplifier les choses, nous exclurons des calculs les frais de courtage immobilier et de financement).

Disons que Paul trouve un portefeuille d'investissement qui devrait rapporter 8 % annuellement. Rappelez-vous la formule « valeur future de l'argent » (voir le chapitre 7) : $C \times (1 + i)^n$. Dans le cas de Paul, le résultat du calcul est le suivant :

$$54\,000\,\$ \times (1 + 0{,}08)^1 = 58\,320\,\$$$

Cela signifie que Paul peut investir ses 54 000 $ dans ce véhicule d'investissement et, en 12 mois, il aura obtenu un rendement de 4 320 $ (58 320 $ − 54 000 $). Il pourra maintenant utiliser ce montant pour réduire son hypothèque ou le réinvestir pour profiter de l'intérêt composé et faire encore plus d'argent.

Et l'envers de la médaille ? Que se serait-il produit si Paul avait versé ses 54 000 $ comme paiement initial ? Si Paul peut tirer profit d'un taux d'intérêt hypothécaire bas, un taux inférieur au taux de rendement de ses investissements (8 %), il en sortira gagnant. Par exemple, s'il paie 5,5 % d'intérêt sur son hypothèque et obtient 8 % de son portefeuille d'investissement, en théorie, il récolte un intérêt de +2,5 % (8 − 5,5 = 2,5). Si les marchés font piètre figure, le portefeuille de Paul pourrait lui rapporter moins de 8 % à court terme. Ainsi, si son taux de rendement était de 4 % et que son taux hypothécaire restait stable à 5,5 %, il paierait plus d'intérêts sur son hypothèque. Par conséquent, il est du meilleur intérêt de Paul de réserver plus d'argent à son prêt hypothécaire. Ce scénario doit tenir compte d'un certain nombre de facteurs. Par exemple, la valeur des maisons dans certaines régions s'accroît substantiellement avec le temps.

Les régimes enregistrés : les enfants et la retraite

Les régimes enregistrés constituent de merveilleux véhicules d'investissement en vue de l'achat d'articles coûteux ou d'investissements de longue durée tels que ceux pour l'éducation des enfants et la retraite. Et si vous vous dites que vous aurez bien le temps de penser à ces choses, rappelez-vous le chapitre 1. Si vous ne vous préoccupez pas de votre avenir et si vous manquez d'y investir, qui le fera? Attendre de gagner à la loterie ou d'hériter de la fortune familiale ne constitue pas un plan financier viable! Et n'oubliez pas : plus vous commencerez tôt, mieux vous vous en porterez.

Les deux régimes enregistrés les plus connus sont le régime enregistré d'épargne-retraite (REER) et le régime enregistré d'épargne-études (REEE). Comparons le régime enregistré à une maison ayant besoin d'être décorée, cela pourrait nous être utile. Un investisseur peut remplir une maison d'autant de «décorations (investissements)» qu'il le désire : fonds commun de placement, actions, fonds indiciels et ainsi de suite (voir le chapitre 7). Comme dans le cas d'une maison, les décorations répondent aux goûts et aux besoins du propriétaire. Si certaines personnes aiment les choses davantage tape-à-l'œil, d'autres préfèrent un style plus classique, et d'autres encore un mélange des deux styles. Quel que soit votre goût, un régime enregistré vous permet de créer un portefeuille équilibré qui répond à vos besoins et qui convient à votre style d'investisseur.

Les régimes enregistrés d'épargne-retraite (REER)

Pourquoi se tracasser avec un régime enregistré ? Pourquoi ne pas simplement investir dans chaque composante séparément ? Bonne question. On trouve la réponse dans la stratégie d'investissement esquissée au chapitre 7, celle qui préconise l'utilisation de « l'argent gratuit ». Investir dans un régime enregistré, c'est épargner pour la retraite. Le gouvernement du Canada approuve cette décision et la récompense en faisant des contributions dans un REER des montants déductibles d'impôt.

Lorsque vous commencez à contribuer à un REER, vous pouvez y investir jusqu'à 18 % de votre revenu annuel ou jusqu'aux montants maximums suivants :

ANNÉE	LIMITE DE CONTRIBUTION
2005	16 500 $
2006	18 000 $
2007	19 000 $
2008	20 000 $
2009	21 000 $
2010	22 000 $

Dans l'exemple qui suit, le contribuable en question gagne 32 000 $ par année et il est imposé à 26 %. Si cette personne investit 3 000 $ dans un REER, il en résultera un avantage fiscal d'environ 832 $.

	AUCUNE CONTRIBUTION	CONTRIBUTION DE 3 000 $
Revenu	32 000 $	$32 000 $
Taux d'imposition	26 %	26 %
Impôts payés	8 320 $	7 488 $
Contribution à un REER	– $	3 000 $
Impôts reportés	– $	832 $

Doucement, ne vous emballez pas trop! Cela ne signifie pas pour autant que vous ne payez jamais d'impôt sur le montant investi. Au moment de votre retraite, alors que vous commencerez à vivre de vos investissements, donc à retirer l'argent investi pour régler vos factures, vous nourrir et prendre des vacances, vous paierez de l'impôt sur les montants retirés.

Alors, quand devriez-vous commencer à investir? Est-ce jamais vraiment trop tôt pour penser à la retraite? Pas vraiment. Généralement, les gens commencent à investir dans un REER dès qu'ils décrochent leur premier emploi à temps plein. La meilleure façon de procéder est de contribuer au moment où votre employeur vous paie. Ainsi donc, si on vous paie une fois par mois, assurez-vous de contribuer à votre REER le jour-même, et faites de même si on vous paie à la quinzaine. Vous pouvez contribuer aussi peu que 25 $ par mois au départ, et augmenter vos contributions au fur et à mesure que vos revenus augmenteront et que votre mode de vie changera. Voici quelques conseils au sujet des REER:

• Augmentez vos contributions chaque fois que vous obtenez une augmentation de salaire. Puisque vous paierez alors plus d'impôts, vos contributions vous permettront de réduire l'impôt que vous devrez payer.

- Assurez-vous que le niveau de risque de votre REER correspond à votre degré d'aisance et à votre mode de vie. Par exemple, si vous avez un enfant, vous préférerez peut-être investir une partie de votre argent dans des véhicules à risque moindre.

- Maximisez les bénéfices de tout plan de contribution à un REER. Normalement, les employeurs y contribuent aussi. Alors, profitez de l'argent gratuit.

Emprunter pour investir

Négocier un prêt pour investir dans un REER peut être une idée géniale. Ce genre de prêt est conçu pour les gens qui n'ont pas d'économies et qui désirent contribuer à un REER avant la fin de février, afin de profiter du bénéfice imposable pour l'année d'imposition qui vient de se terminer. Par exemple, pour profiter d'un bénéfice imposable pour 2007, je devrais contribuer à un REER avant la fin février 2008. Bien souvent, ce genre de prêt est assorti d'un taux d'intérêt très raisonnable, sans compter qu'il peut être remboursé en 12 ou 24 mois. Le seul cas où quelqu'un devrait négocier un tel prêt, c'est si le montant du bénéfice imposable que lui procure sa contribution à un REER est supérieur aux intérêts du prêt. La plupart du temps, la décision d'emprunter est raisonnable. Cependant, je recommanderais de négocier le meilleur taux d'intérêt possible et de vous assurer que vous êtes capable de faire vos paiements mensuels.

Les régimes enregistrés d'épargne-études

Un régime enregistré d'épargne-études est un véhicule d'investissement à long terme qu'un parent, un grand-parent ou un tuteur légal peut mettre en place pour l'éducation post-secondaire d'un enfant. Il suffit de lui obtenir un numéro d'assurance sociale. Comme pour le REER, celui qui contribue à un REEE remplit la « maison » de types d'investissement qui lui conviennent. Encore là, le gouvernement est prêt à aider, grâce au programme de Subvention canadienne pour l'épargne-études : il ajoutera à votre REEE 20 % de votre contribution annuelle jusqu'à concurrence de 500 $. Vous pouvez contribuer à un REEE jusqu'à ce que l'enfant atteigne l'âge de 16 ans. Le tableau qui suit s'appuie sur l'hypothèse qu'à 18 ans, l'enfant poursuit des études post-secondaires. Comme vous pouvez le voir, les contributions additionnelles du gouvernement peuvent valoir leur pesant d'or, à long terme.

Le budget fédéral, déposé au printemps 2007, proposait des modifications structurales au REEE, dont l'élimination de la limite de contribution annuelle de 4 000 $ et l'augmentation de la contribution à vie qui passerait de 42 000 $ à 50 000 $ – une première modification depuis 1996. Par conséquent, si, par hasard, vous vous retrouvez avec un petit 50 000 $ à investir comme bon vous semble, vous pourrez dorénavant le placer dans un REEE dès la naissance d'un enfant. De plus, le montant maximal pouvant être versé annuellement dans le cadre du programme de Subvention canadienne pour l'épargne-études (SCEE) a été majoré de 100 $, passant de 400 $ à 500 $, alors que toute somme inutilisée peut être reportée à l'année suivante jusqu'à concurrence de 1 000 $; il s'agit d'un bond de 200 $. Tout enfant est admissible à un montant maximal de 7 200 $ provenant du programme SCEE.

Si votre enfant décide de ne pas poursuivre ses études, l'argent que vous avez investi et l'intérêt accumulé demeurent en votre possession. Quant au gouvernement, il récupère son argent (plus ses intérêts).

ÂGE DE L'ENFANT	CONTRIBUTION MENSUELLE	CONTRIBUTION ANNUELLE	CONTRIBUTION GOUVERNEMENTALE (20% de la vôtre)	VALEUR DU REEE	TAUX DE RENDEMENT
1	100	1 200	240	1 555,20 $	8,0 %
2	100	1 200	240	3 234,82 $	8,0 %
3	100	1 200	240	5 048,80 $	8,0 %
4	100	1 200	240	7 007,91 $	8,0 %
5	100	1 200	240	9 123,74 $	8,0 %
6	100	1 200	240	11 408,84 $	8,0 %
7	100	1 200	240	13 876,74 $	8,0 %
8	100	1 200	240	16 542,08 $	8,0 %
9	100	1 200	240	19 420,65 $	8,0 %
10	100	1 200	240	22 529,50 $	8,0 %
11	100	1 200	240	25 887,06 $	8,0 %
12	100	1 200	240	29 513,23 $	8,0 %
13	100	1 200	240	33 429,49 $	8,0 %
14	100	1 200	240	37 659,04 $	8,0 %
15	100	1 200	240	42 226,97 $	8,0 %
16	100	1 200	240	47 160,32 $	8,0 %
17	0	0	0	50 933,15 $	8,0 %
18	0	0	0	55 007,80 $	8,0 %

Conclusion

V ous avez entrepris un merveilleux voyage, un voyage ayant pour but d'accroître vos connaissances du domaine de la finance. Vous en savez plus maintenant sur les éléments de base de ce domaine et sur l'investissement, sans oublier les outils susceptibles de vous aider à réaliser vos rêves financiers. Vous êtes bien outillé pour devenir riche avant d'atteindre vos 30 ans !

Malgré tout, vous vous demandez peut-être quelle est la prochaine étape. En cela, vous n'êtes pas seul. Il est tout à fait normal de se sentir dépassé par tant d'information. Ainsi donc, si vous éprouvez un certain vertige ou si vous vous inquiétez de perdre de vue votre cible, concentrez-vous sur les dix conseils suivants et vous maintiendrez le cap.

Dix conseils

1. **Commencez tout de suite.** Quelle que soit votre situation financière, commencez à investir sans délai. Le temps presse et, plus vous attendrez, moins vous serez riche. Envisagez la chose ainsi : en tardant à investir, vous vous privez

vous-même d'une certaine somme d'argent. Commencez à investir dès votre jeunesse ; vous vous en féliciterez plus tard.

2. **Prenez les choses en main.** Une gestion saine de l'argent exige que vous appreniez à dépenser sagement, à vous acquitter de vos dettes adéquatement et parfois à modifier vos priorités. Utilisez des outils tels que la préparation d'un budget réaliste et la planification pour vous aider à atteindre vos objectifs financiers.

3. **Si vous n'en avez pas besoin, ne l'achetez pas!** Dépenser à l'excès peut avoir une incroyable influence négative sur votre vie. Par exemple, les couples qui éprouvent des difficultés à cet égard sont généralement les premiers à divorcer.

   Dépenser à l'excès, c'est une spirale qui vous entraîne vers les dettes et la faillite, et cela affectera tous les domaines de votre vie. Vous pouvez vous assurer de contrôler vos dépenses! Il suffit d'adopter une nouvelle façon de penser.

4. **Ce que vous avez n'a aucune importance, c'est ce que vous en faites qui compte.** Vous pourriez être la personne la plus pauvre du quartier. Peut-être n'avez-vous que 25 $ que vous pouvez économiser chaque mois, peut-être même 10 $! Aucune importance. Faites-le ! Ne vous découragez pas. Des milliers de gens très riches n'avaient presque rien au départ. Vous aussi pouvez réussir !

5. **Essayez les fonds communs de placement.** Si vous êtes à la recherche d'une façon relativement sûre et facile de maximiser le rendement de votre argent, même si le montant initial investi est minime, les fonds communs de placement constituent la bonne façon de faire. Ils vous

permettent d'accéder au marché, de diversifier et d'investir des montants moins importants.

6. **Contribuez sur une base régulière.** En contribuant régulièrement à votre portefeuille d'investissement, vous profitez du prix moyen à long terme. Vous n'avez pas à vous inquiéter de suivre l'évolution du marché. Laissez cela aux experts.

7. **Diversifiez.** Si vous placez tous vos œufs dans le même panier et que vous l'échappez, vous les briserez tous. Diversifiez vos investissements pour réduire vos risques.

8. **Soyez patient.** À long terme, l'argent croît de façon exponentielle. Cela ne se produit pas nécessairement dans un avenir très proche. Tenez bon. Les marchés fluctuent tellement avec le temps. Essayez de voir au-delà des fluctuations à court terme et concentrez-vous sur le long terme. C'est pendant cette période que les marchés sont susceptibles d'afficher un taux de rendement de 11 à 13 %. Les investisseurs qui se concentrent sur le court terme ne profitent normalement que d'un rendement d'environ 4 %. Déterminez une stratégie qui convient à votre degré de tolérance au risque et persévérez quoi qu'il arrive.

9. **Payez-vous en premier lieu.** Vous devez maintenir l'équilibre entre la réduction de vos dettes, l'épargne et l'investissement. Évitez de vous concentrer sur un seul des trois éléments et d'oublier les deux autres. Utilisez la technique de réduction de dettes décrite au chapitre 4 pour éliminer ces dettes qui ralentissent votre marche, en n'oubliant pas l'épargne. Épargner pour votre avenir devrait occuper la première place dans votre budget.

10. **Trouvez un équilibre.** N'oubliez pas les trois principes de la richesse : dépenser sagement, épargner et investir, et

en redonner à la collectivité, ce qui peut se faire grâce au bénévolat ou en donnant de l'argent ou des biens à des organismes de charité. Vous vous sentirez bien de savoir que vous avez fait quelque chose de positif pour votre collectivité et pour vous-même.

Vous pouvez relire ces pages chaque fois que vous avez besoin de recyclage ou simplement d'un peu de motivation. Je vous recommande aussi d'accroître toujours plus vos connaissances de la gestion de l'argent, en continuant à apprendre et à mettre en pratique des techniques saines de gestion de l'argent. Visitez mon site Internet **www.richbythirty.com.** Vous y trouverez mon bulletin d'information personnel, un excellent glossaire et quelques bons liens vers d'autres sites financiers.

Alors, allez-y... Au boulot!

Table des matières